아홉 살에 처음 만나는
창업

아홉 살에 처음 만나는
창업

초판 1쇄 인쇄일 | 2023년 12월 11일   초판 1쇄 발행일 | 2023년 12월 25일

지은이 | 신예은
일러스트 | 김민정
펴낸이 | 강창용
기획 | 강동균
편집 | 신선숙
디 자 인 | 가혜순

펴낸곳 | 하늘을 나는 코끼리
출판등록 | 1998년 5월 16일 제10-1588
주 소 | 경기도 고양시 일산동구 중앙로1233 (현대타운빌) 703호
전 화 | (代)031-932-7474
팩 스 | 031-932-5962
이메일 | feelbooks@naver.com

ISBN 979-11-6195-223-9 73320

* 책값은 뒤표지에 있습니다.   * 잘못된 책은 구입처에서 교환해 드립니다.

품명 아동도서	**제조년월** 2023년 12월 11일
사용연령 8세 이상	**제조자명** 하늘을 나는 코끼리
제조국 대한민국	**연락처** 031-932-7474
주소 경기도 일산동구 중앙로 1233 현대타운빌 302호
주의사항 종이에 베이거나 긁히지 않도록 조심하세요.
책 모서리가 날카로우니 던지거나 떨어뜨리지 마세요.
KC마크는 이 제품이 공통안전기준에 적합하였음을 의미합니다.

 하늘을 나는 코끼리는 느낌이있는책의 어린이책 브랜드입니다.

아홉 살에 처음 만나는
창업

신예은 지음
김민정 그림

작가의 말

여러분은 '창업'에 대해 들어본 적 있나요? 아이폰을 만들고 애플 회사를 차린 스티브 잡스를 떠올린 친구들도 있겠죠? 어쩌면 여러분이 사는 곳에서 너무 먼 이야기라고 생각할 수도 있어요. 그렇지만 여러분 주변에 있는 맛있는 빵집, 멋진 미용실, 귀여운 애견용품숍 등을 새로 만드는 것 또한 '창업'이라고 할 수 있어요. 창업은 다른 사람들에게 필요한 것을 찾아내서 물건이나 서비스로 제공하는 일이거든요. 배고픈 사람들에게 맛있는 빵을 팔고, 머리를 자르고 싶은 사람들에게 미용 서비스를 제공하고, 반려견에게 필요한 용품을 만들어내는 것처럼요.

혹시 여러분에게도 멋진 아이디어가 있나요? 다른 사람들의 불편함을 해결해 줄 수 있는 생각이나 남들이 떠올리지 않았을 것 같은 재미있는 생각이요. 예를 들면, '엄마의 집안일을 도와주는 빨래 개는 로봇'이나 '밥을 먹고 나서 자리를 자동으로 깨끗이 닦아주는 서비스' 같은 아이디어 말이에요. 아직 떠오르지 않았어도 괜찮아요. '창업'이 궁금하고 도전해 보고 싶은 마음이 들었다면 그것으로도 충분해요! 다른 사람들을 도와줄 수 있는 창업 아이디어는 언제든 떠오를 수 있거든요.

여러분에게 지금 번뜩이는 아이디어가 있다고 해도 바로 시작하기는 쉽지 않을 거예요. 창업을 하려면 준비해야 할 것들이 몇 가지 있거든요. 자, 여기 대한이와 친구들의 이야기를 만나보세요. 창업에 대해 전혀 알지 못했던 대한이와 친구들도 좌충우돌하면서 창업에 대해 하나씩 배워나간답니다. 익숙한 교실에서 일어나는 일들을 재미있게 읽다 보면 어느새 여러분도 창업에 대해 구체적으로 꿈꾸게 될 거예요.

책을 다 읽고 나면, 여러분은 멋진 아이디어를 마구 쏟아내고 다양한 문제들을 해결하고 싶은 '예비 창업가'가 되어 있겠죠? 스티브 잡스보다 더 멋지고 재미있는 아이디어로 세상을 깜짝 놀라게 할 날이 기대됩니다. 세상을 더 편리하고 행복하게 바꿔줄 다음 주인공인 여러분을 응원합니다.

차례

작가의 말 • 4

선생님, 창업이 뭐예요?

만들기 왕 서대한, 새 학년 되다 • 12
선생님! 창업이 뭐예요? • 20
우리들의 첫 창업 회의 • 29

교실에서 창업을 시작합니다

4학년 1반 오락실로 놀러 오세요! • 40
우리 가게 문 닫아야 해? • 51
우리가 빚쟁이라니? • 54

내일은 나도 창업가가 될 거야!

실패는 성공의 어머니 • 62
불편함에서 창업아이템을 찾아요 • 68
창업하기 전에 꼭 해야 할 일 • 75

창업가정신을 배워요

창업가 정신이 뭐예요? • 84
우리만의 특별한 창업아이템을 찾아서 • 87
당연한 게 어디 있어? • 97
흥, 그런다고 우리가 포기할 리 없지! • 102
미리 준비하는 사람이 장땡! • 105
함께하기 위해 갈등은 필수라고? • 112

창업경진대회를 준비해요

우리의 실력을 보여줄 때가 왔다 • 118
어른도 못 하는 걸 우리가 해보자고? • 124
우리 학교에서 창업아이템을 찾았어요! • 129
선생님들께 투자를 받아볼까? • 139
체인지더월드! 세상을 바꾸러 가자! • 144

등장 인물

서대한

만들기를 좋아하고 어떤 일이든 생각나면 행동으로 옮기는 행동대장, 대한이. 호기심도 많고 엉뚱한 상상을 자주 하는 편이다. 다만 성격이 급하고 고집을 부리다가 종종 실수를 한다. 아이디어뱅크 대한이가 창업 활동에 재미있는 의견을 냈다! 그런데 혹시 급한 성격 때문에 실수하는 것은 아닐까?
#아이디어_뱅크 #만들기_대장 #고집쟁이 #성격_급함 #ENFP

김민지

돌다리도 두드려보고 건너야지!! 항상 조심성 있게 살펴보고 계획하는 꼼꼼쟁이, 민지. 절대 숙제를 밀리는 법이 없고 책 읽는 것을 제일 좋아한다. 새로 만난 담임선생님이 맘에 들지 않는다. 책이 아니라 창업을 하는 것도 공부라니? 말도 안 돼!
#성실의_아이콘 #꼼꼼쟁이 #우리반_수학1등 #INTJ

박민수

새로운 것에 관심이 많고 도전에 대한 두려움이 없는 용감무쌍, 민수. 순수하게 사람들을 좋아하고 다른 사람을 도와주는 일에 뿌듯함을 느낀다. 정이 많은 편이라 친구들을 무척 좋아하지만 상처도 잘 받는다.
#따뜻한_도전가 #용감무쌍 #친절함 #ESFJ

조하율

네가 좋으면 나도 좋아! 친구가 좋다고 하면 그 의견을 무조건 따라하는 따라쟁이, 하율이. 친구들과 함께 신나고 재밌는 일을 찾아다닌다.
#따라쟁이 #친구들_좋아 #노는게_제일_좋아 #ESFP

홍슬기

어디서나 적응이 빠른 슬기. 손으로 만드는 것들을 잘해서 친구들 사이에서 '금손'이라 불린다. 전자기기에 관심이 많다.
#금손 #무엇이든_뚝딱 #코딩 #ENTP

유예준

다음에 있을 일들을 미리 체크해서 준비하는 예준이, 어떤 일이든 더 좋은 방법을 찾아가기 위해 도전하는 것을 중요하게 생각한다. 친구들의 말을 듣는 것보다 자신이 결정한 것이 맞다고 생각한다.
#준비성_철저 #마이웨이 #INTJ

신예은 선생님

4학년 1반 담임선생님. 창업수업을 하면서 학생들과 교실에서 진짜 가게를 열기로 했다! 어른들은 생각하지 못한 멋진 가게가 교실에서 펼쳐질 것만 같다고 기대한다. 성공하는 것보다 아이디어를 펼치는 일 자체가 멋진 일이라고 생각하며 아이들을 응원한다. 우리 교실에서 창업할래?
#창업을_꿈꾸는_선생님 #창업공부_같이해볼래? #ENFJ

선생님, 창업이 뭐예요?

만들기 왕 서대한, 새 학년 되다

"으악! 지각이다, 지각!"

시계를 보고 깜짝 놀란 대한이가 소리쳤어요. 방 한가운데 잔뜩 펼쳐놓은 '피사의 사탑' 만들기 입체 퍼즐 조각들을 옆으로 대충 밀어두고 급하게 필통과 교과서를 가방에 구겨 넣었어요.

"오늘 새로운 선생님과 친구들을 만나는 날인데 지각하면 어떡해!"

대한이가 급하게 현관으로 달려갔어요. 엄마는 학교 가는 대한이를 배웅하러 나오셨어요. 속상한 마음에 신발에 발을 구겨 넣으며 괜히 엄마에게 투덜거렸어요.

"엄마, 왜 늦었다고 알려주지 않았어요!"

"대한아, 엄마가 늦었다고 세 번이나 말했어! 아침부터 꺼내지 말라는 만들기를 우기며 꺼낸 게 누구더라."

"피… 그냥 구경만 하려고 했는데 너무 재미있어 보여서 그만…."

"얼른 다녀와. 늦었다면서?"

"아 맞다, 맞다! 학교 다녀오겠습니다."

"그래 대한아. 차 조심하고! 늦었다고 위험하게 뛰지 말고!"

"네, 엄마."

대한이는 허둥지둥 급하게 발걸음을 옮겼어요. 지각할까 봐 서둘러 학교로 가면서도 대한이의 발걸음은 너무도 신나 보였어요. 도대체 어떤 선생님이 담임 선생님이 되실지 또 어떤 친구들과 함께 지내게 될지 너무도 궁금했거든요.

✳ ✳ ✳

♪ ♩ ♪♪ ♩ ♪

종소리가 울렸어요. 대한이는 급하게 달려와서 겨우 교실에 앉아 가쁜 숨을 쉬었어요.

"휴, 겨우 살았네."

"여러분, 안녕하세요."

그때 검은 머리를 높이 묶고 찢어진 청바지를 입은 선생님이 교실문을 열고 밝게 웃으며 들어오셨어요.

"야! 선생님 청바지 좀 봐! 오다가 넘어지신 거 아니야? 저게 뭐야! 킥킥."

"다른 여자 선생님들은 예쁜 원피스 입고 오던데. 목소리도 남자 같아! 큭큭."

민수와 하율이가 선생님의 바지를 보며 속닥거렸어요.

"만나서 반가워요! 제 이름은 신예은이에요. 여러분과 1년 동안 함께 지낼 거예요."

선생님은 씩씩한 태도와 우렁찬 목소리로 친구들에게 자신의 소개를 이어갔어요.

"선생님은 어릴 때 두 가지 꿈이 있었어요, 첫 번째는 바로 선생님! 그 꿈을 이루어 지금 여러분을 만나고 있죠."

"오~!"

아이들은 씩씩하고 우렁찬 선생님의 목소리에 어느새 집중

했어요.

"두 번째 꿈은요?"

대한이가 궁금해하며 물었어요.

"또 하나는 음….'"

선생님이 조금 뜸을 들이더니 이야기를 이어갔어요.

"여러분과 두 번째 꿈을 이뤄보고 싶은데…."

아이들은 무슨 꿈을 함께 이룬다는 건지 궁금해서 모두 선생님을 쳐다봤어요.

"그게 뭔데요? 피자 100판 먹기요? 킥킥."

민수가 장난치듯 말했어요.

"세상에 필요한 것을 만들어 파는 일, 바로 '창업'을 하고 싶었어요!"

아이들은 처음 들어보는 '창업'이라는 단어에 어리둥절했어요. 그리고 도대체 알 수 없다는 표정으로 선생님을 쳐다보았어요. 선생님은 빙그레 웃으며 말을 이어가셨어요.

"가게를 열어서 사람들에게 필요한 것을 파는 사장님이 되고 싶었어요! 그게 선생님의 두 번째 꿈이에요."

"근데 그 꿈을 어떻게 저희와 이루신다는 거예요?"

대한이가 다급하게 선생님께 질문했어요.

"여러분과 함께 1년 동안 우리 교실에서 가게를 열어보려고 해요!"

선생님이 웃으며 이야기하자 아이들은 황당하다는 듯 서로를 쳐다보았어요. 그렇지만 선생님은 계속해서 말을 이어가셨어요.

"여러분이 직접 가게의 사장님이 되어서 사람들에게 필요한 물건이나 서비스를 찾아내고 그것을 직접 팔기까지 하는 거죠! 우리 반은 교실이기도 하지만 가게가 되기도 할 거예요."

대한이 옆자리에 앉아 있던 민지가 손을 번쩍 들고 새침한 목소리로 말했어요.

"에이, 선생님! 저희가 그런 걸 어떻게 해요? 그런 건 어른들이 할 수 있는 것 아닌가요?"

그 옆에 앉은 슬기도 거들었어요.

"맞아요, 저희는 이제 겨우 4학년인걸요."

예상했다는 듯 선생님은 웃으며 이야기하셨어요.

"그렇지 않아요. 여러분도 분명 할 수 있어요! 어쩌면 어른들보다 더 멋진 아이디어를 떠올리고 사람들에게 팔 수도 있겠죠! 우리 반은 아주 멋진 가게가 될 거예요!"

반 아이들은 선생님의 너무도 확고한 말에 각자 옆 친구들과 의견을 나누며 웅성거리기 시작했어요.

"자자. 여러분 아직은 창업이라는 것이 어렵고 교실에서 가게를 연다고 하니 궁금한 것도 많겠죠. 앞으로 차근차근 설명해 줄게요."

선생님은 빙긋 웃으며 소개를 마치셨어요.

쉬는 시간이 되자 몇몇 친구들은 교실에서 가게를 한다니 이상한 선생님이라며 고개를 갸웃거렸지만 대한이는 선생님이 꽤 맘에 들었어요. 선생님이 좀 특이하다고는 생각했지만 교실에서 새로운 활동을 할 수 있을 것 같다는 생각에 무척이나 설렜거든요.

'우리 교실에서 가게를 연다고? 올해 학교 생활은 정말 재밌겠는걸!'

선생님! 창업이 뭐예요?

아직 쉬는 시간이 5분이나 남았는데 대한이는 만들기하던 종이를 조심스레 들어 사물함에 가져다 두었어요.

"오, 서대한. 네가 웬일이냐? 이렇게 빨리 만들기 정리를 다 하고."

민지는 의아한 듯 대한이에게 말을 건넸어요.

"오늘 선생님이 창업에 관해 이야기해주신다고 했잖아! 우리 반에서 어떤 것들을 팔면 좋을까?"

눈을 반짝이며 기대하는 대한이에게 민지가 톡 쏘아붙였어요.

"너는 우리 반에서 가게를 열고 물건을 판다는 게 말이 된다고 생각해?"

"그럼! 당연하지! 나는 아주 멋진 걸 만들어서 팔 거야! 아까 내가 색종이로 만들던 왕딱지 봤지? 그거 팔까?"

"야. 그걸 누가 돈 주고 산다고 그래! 공짜로 주면 모를까."

"치. 민지 너도 갖고 싶으면서!"

"갖고 싶어도 내 아까운 용돈으로는 절대 안 살 거다, 뭐!"

민지와 대한이가 아웅다웅하고 있을 때 수업 종이 울렸고 선생님께서 들어오셨어요.

"여러분, 오늘은 창업에 대해 알아보려고 해요. 혹시 창업에 대해 들어본 적 있나요?"

"네! 책에서 아이폰 만든 스티브 잡스 아저씨를 본 적 있어요."

민수가 어깨를 들썩이며 의기양양한 듯 대답했어요.

"그래요. 아이폰을 만든 스티브 잡스 아저씨를 창업가라고 할 수 있겠죠."

"에이, 그런 것을 저희가 어떻게 만들어요!"

민지가 심드렁하게 대답했어요.

"맞아요. 당장 우리가 아이폰과 같은 엄청난 것을 만들 순

없을지도 몰라요. 그렇지만 여러분이 다른 사람들에게 필요한 것을 판다면 그것은 창업이 될 수 있어요. 아주 작고 사소한 것이라도요."

"선생님, 제가 색종이로 엄청나게 큰 왕딱지를 만들었는데 이걸 파는 것도 창업이라고 할 수 있나요? 이것도 세상에 하나뿐인 왕딱지란 말이에요!"

대한이가 색종이로 만든 왕딱지를 들어 보이며 물었어요.

"그럼요. 선생님도 어릴 때 집에 있는 좋아 보이는 물건들을 가져다가 길거리에서 팔았던 적이 있는걸요?"

"와, 쌤 돈 많이 벌었어요?"

하율이가 물어보자 다른 아이들도 궁금한 듯 선생님의 답변을 기다렸어요.

"음… 조금 돈을 벌긴 했는데 얼마 안 되어서 엄마에게 들켰고 왕창 혼나고 가게를 닫을 수밖에 없었죠."

머쓱한 듯 웃으며 선생님이 말했어요.

"에이, 그래서 창업을 더 안 했나요?"

아쉽다는 듯 민수가 말했어요.

"그 다음에는 종이에 그림을 그려서 열쇠고리를 만들어 팔았어요."

"잘 팔렸나요?"

"우리 집 앞에서 돗자리를 펴고 팔았는데… 아무도 사주지 않아서 두 번째 가게도 닫았죠."

선생님의 말씀에 아이들이 소리 내어 웃었어요.

"쌤은 두 번이나 창업이 망한 거네요! 킥킥. 그래서 아직도 꿈이라고 하시는구나!"

예준이가 선생님을 놀리듯 말했어요.

"그렇죠. 무작정 가게를 열 것이 아니라 잘 팔리는 것을 팔았어야 했는데 말이에요. 여러분에게 선생님은 실패했던 '창업의 기회'를 주려고 해요."

"에이, 이게 무슨 기회예요. 그냥 공부하면 안 될까요?"

민지가 물어보자 선생님은 단호하게 민지를 쳐다보았어요.

"이것도 정말 중요한 공부예요. 세상 공부!"

"세상 공… 부?"

민지는 '창업도 세상 공부'라는 말이 이해가 되지 않는다는 듯 혼자서 중얼거렸어요.

"여러분은 선생님보다 더 멋진 것을 생각해내고 팔 수 있다

고 생각해요. 자, 여러분이 지금부터 가게의 사장이 된다고 생각해보세요. 무엇을 팔고 싶은가요?"

선생님의 질문에 아이들은 너도 나도 손을 들었어요.

"저는 감자칩이요!"

"저는 포켓몬 빵이요!"

"어 그럼 나는 띠부띠부 씰이요!"

"저는 닌텐도 스위치 팔래요!"

"나는 닌자고 완전히 큰 거로!"

아이들은 장난치듯 자신이 좋아하는 것이나 가지고 싶은 것들을 말했어요.

"무엇이든 좋아요. 다음 시간까지 여러분이 가게의 사장님이 된다고 생각하고 팔고 싶은 것을 정해 오세요. 단, 나만 좋아하는 것이 아니라 다른 사람에게 필요할 것 같은 것으로요! 무엇이든 좋아요!"

선생님은 아이들에게 첫 번째 창업숙제를 내주셨어요. 쉬는 시간이 되자 대한이는 혼잣말을 중얼거렸어요.

"다른 선생님들은 맨날 책이나 열심히 읽고 공부하라고 하는데 가게 여는 것을 공부라고 하는 선생님이 있다니! 진짜 좀 이상한 선생님이야!"

대한이는 그런 생각도 잠시 이내 새로운 아이디어들이 머릿속에 잔뜩 떠올랐어요.

"나만 좋아하는 게 아니라 다른 사람들이 필요로 할 것 같은 것을 팔면 된다는 거지? 이미 나한테는 계획이 다 있다고!"

대한이는 자신의 아이디어를 친구들에게 소개해줄 생각에 흥분되었어요.

✱ ✱ ✱

"좋아! 이번 기회야말로 만들기 왕인 나 서대한을 보여줄 때란 말이지! 김민지도 내 아이디어를 들으면 아주 깜짝 놀랄걸?"

대한이가 책상 앞에 앉아 열심히 글을 쓰며 발을 까딱이고 있었어요.

"오빠! 밥 먹으라고!"

대한이의 동생, 지은이가 문을 벌컥 열며 말했어요.

"아오, 깜짝이야! 노크하고 들어오랬지!"

대한이는 누가 볼까 봐 자신의 공책을 서둘러 덮었어요.

"백번 불렀는데 대답도 안 한 게 누군데!"

지은이는 혓바닥을 삐죽 내밀었어요.

"아, 알았다고! 나간다고!"

대한이는 거실로 나갔어요. 하지만 식탁에 앉아서도 고민하느라 밥을 먹는 둥 마는 둥 하고 다시 방으로 돌아와 앉았어요. 한참을 노트에 끄적이더니 결심이라도 한 듯 혼자 큰소리로 말했어요.

"하하하. 그래, 좋았어! 이걸로 가게를 열면 사람들이 엄청 많이 찾아오겠지? 그럼 나 완전 부자 되는 거야? TV에도 출연하려나? 초등학생 창업가, 서대한? 그땐 뭐라고 인터뷰하지? 으하하."

대한이는 그날 밤 자신이 떠올린 아이디어로 성공해서 부자가 되는 상상을 하느라 밤새 잠을 설쳤어요.

우리들의 첫 창업 회의

"오, 웬일이야. 지각 대장 서대한이 이렇게 일찍 다 오고?"
민지가 대한이에게 의외라는 눈빛을 보내며 말했어요.
"아침부터 왜 시비야. 내가 뭐 얼마나 늦게 다녔다고."
퉁명스럽게 대한이가 대답했어요.
"아, 너 오늘 창업 회의하는 날이라 일찍 왔구나?"
알았다는 듯 민지가 말했어요.
"쳇, 내 아이디어 듣게 되면 너 아주 깜짝 놀랄걸?"
"뭐, 대단한 왕딱지라도 준비해오셨나 보지?"
"아니거든?"
"그럼 뭐 왕왕딱지던가!"

민지와 대한이는 오늘도 아침부터 시끄러웠어요. 조회 시간을 마치고 1교시가 시작되었어요. 1교시 창업 회의에서는 우리 반 가게에서 팔 아이템을 선정하기로 했어요.

"자, 우리 반에서 팔고 싶은 물건이나 아이디어를 생각해봤나요? 혹시 먼저 발표해보고 싶은 친구 있나요?"

선생님이 아이들을 둘러보며 말했어요.

"저요, 저요!"

몇몇 친구들이 손을 번쩍 들었어요.

"좋아요. 우리 반 가게에서 팔고 싶은 것과 그 이유를 함께 이야기해주면 좋겠어요. 앞에 있는 친구부터 차례로 발표해주세요."

"네!"

아이들은 기대된다는 듯 우렁차게 대답했어요.

"앞아 있는 친구들은 다양한 생각을 듣고 질문하면서 우리 반에서 어떤 가게를 열면 가장 좋을지 투표해주면 됩니다."

"네!"

슬기가 제일 먼저 당당하게 발표했어요.

"저는 핫초코 가게를 했으면 좋겠다고 생각해요! 지금 너무

추우니까 핫초코를 팔면 좋을 것 같습니다."

슬기의 말을 듣고는 하율이가 고민하다가 손을 들고 말했어요.

"나도 핫초코를 정말 좋아하지만 봄이나 여름에는 우리 반 가게를 닫아야 하잖아…. 나는 우리 가게가 1년 동안 잘 되었으면 좋겠어."

슬기도 고개를 끄덕이며 하율이의 말에 동의하는 듯했어요. 다음에는 예준이가 나와서 발표했어요.

"저는 '대신 숙제해주는 로봇'을 팔았으면 좋겠어요."

아이들이 일제히 '와~' 소리를 질렀어요.

"그런 로봇 나도 갖고 싶다."

"나도 나도!"

"난 그거 무조건 살 거야!"

다들 너무 신나서 이야기할 때 민지가 무심한 듯 한마디 툭 던졌어요.

"어른들도 못 만드는 걸 어린이인 우리가 어떻게 만들겠어?"

예준이와 다른 친구들은 순간 당황해서 말을 잃었어요.

"음… 그건…."

예준이가 고민하다가 말을 계속 이어갔어요.

"그래 당장 우리가 만들기는 어려울 것 같다."

다른 아이들도 수긍하며 고개를 끄덕였어요.

"그건 그러네."

아이들이 아쉬워하고 있을 때 승호가 손을 들고 말했어요.

"우리가 언젠가 다 만들면 되지! 나 대신 학원 가주는 로봇도 만들 거야! 그리고 나는 놀이터에서 놀아야지."

승호의 말에 아이들이 한바탕 웃었어요.

이외에도 급식시간 메뉴를 알려주는 뻐꾸기가게, 잃어버린 물건을 찾아주는 분실물 가게와 같은 의견들이 나왔어요. 친구들이 가능하다고 생각한 의견들을 칠판에 적어놓고 그중에서 가장 좋은 것을 뽑기로 했어요. 투표하려는 순간, 망설이던 대한이가 손을 번쩍 들었어요. 그러고는 앞으로 나와 발표를 시작했어요.

"저는 점심시간에 열리는 오락실을 생각했습니다."

"오락실?"

친구들이 눈을 동그랗게 뜨고 쳐다봤어요.

"우리 반 가게에 아이들이 놀러 와서 게임을 할 수 있도록 오락실을 만드는 거예요."

하율이는 말도 안 된다며 손사래까지 치며 말했어요.

"학교에 게임기를 가져올 수는 없잖아."

대한이는 그 질문을 예상이라도 한 듯 웃으며 대답했어요.

"게임기를 가져오는 게 아니에요. 우리가 직접 게임기가 되는 오락실입니다!"

의아해하는 아이들을 보며 대한이는 의연하게 말을 이어갔어요.

"처음으로 생각해본 건 두더지 게임이에요. 오락실을 열고 사람들이 뿅망치로 두더지 잡기 게임을 할 수 있도록 하는 거죠. 우리는 헬멧을 쓴 두더지가 되고요!"

대한이는 너무 신이 난다는 듯 눈을 반짝이며 말했어요.

"재밌는 생각이긴 한데… 그게 가능할까?"

"아프지 않을까?"

"머리가 아니라 다른 곳을 때리면 어쩌지?"

아이들은 반신반의하며 여러 질문을 쏟아냈어요.

"헬멧 쓰는데 당연히 괜찮지!"

"우리가 규칙을 잘 알려주면 되지!"

대한이가 고개를 끄덕이며 말했어요.

"사람들이 두더지 게임이 재미없다고 하면?"

"그때는 우리가 또 다른 게임을 만들면 돼. 사격 게임도 만들고, 비행기 게임도 만들고…."

대한이는 예상한 듯 당차게 대답했어요.

"근데 이 가게가 잘 될까?"

민지가 걱정 가득한 표정으로 질문했어요.

"그럼! 당장 시작해야 해! 우리는 진짜 큰 부자가 될 거야!"

아이들은 의심스럽다는 듯 고개를 갸우뚱했지만 대한이는 확신에 가득 찬 듯해 보였어요.

✳ ✳ ✳

며칠이 지나고 4학년 1반 창업 회의가 다시 열렸어요.

지난번 회의에서 대한이가 강력하게 주장했던 오락실 이야기로 교실이 들썩였어요.

"만약 오락실을 한다면 두더지 게임 한 판에 얼마로 하면 좋을까요?"

"오백 원 어떨까요?"

"에이 그래도 천 원은 해야 하지 않을까요?"

"엄마가 원래 뭐든 싸게 팔아야 많이 팔린다고 했어!"

"그래, 아프긴 하겠지만 오백 원이라고 해도 손해 볼 건 없으니까!"

아이들이 저마다 의견을 내느라 교실이 소란스러웠어요. 그때 대한이가 교탁 앞으로 걸어 나갔어요. 친구들이 고민하는 사이 대한이가 당찬 목소리로 외쳤어요.

"무조건 많이 올 거예요. 무조건! 제가 오는 길에 동생한테도 물어봤는데 오락실이 열리면 꼭 오고 싶다고 했어요. 너무 재밌을 것 같다고. 우리의 창업 오락실 가게는 꼭 성공할 거예요!"

"아니, 그래도…."

다른 아이들은 '어떻게 해야 하나' 하는 표정으로 고민하는 듯 보였어요.

"이 가게는 잘될 수밖에 없어요. 다들 헬멧만 준비해오면 돼요! 괜찮죠?"

아이들이 선뜻 대답하지 못하고 있을 때 대한이가 재빠르게 선생님께 말했어요.

"선생님 저희는 오락실 가게로 할게요!"

"흠… 선생님은 너희들의 의견이 중요해. 그런데 이렇게나 빨리 결정한다고? 모두 괜찮겠니?"

선생님은 다른 아이들의 표정을 살피며 말했어요.

"그럼요! 자신 있어요!"

대한이가 친구들에게 동의를 구하듯 고개를 끄덕이며 재빠르게 대답했어요. 반 친구들은 반신반의하며 막무가내인 대한이를 말리지 못하고 같이 고개를 끄덕여주었어요.

| 창업가 이야기 1 |

핑크퐁을 만든 회사,
김민석 대표님

핑크퐁! '아기 상어 뚜루루뚜루 ~ 귀여운 뚜루루뚜루~' 이 노래 모르는 사람은 없겠죠? 귀여운 캐릭터들이 나오는 영상을 만드는 '더핑크퐁컴퍼니'라는 회사가 만들었다고 해요. 지금도 '핑크퐁'을 검색만 해도 즐겁게 볼 수 있는 다양한 애니메이션을 찾을 수 있죠? 아이들이 집중해서 볼 수 있는 율동요 영상을 회사에서 꾸준히 만들고 있다고 해요. 핑크퐁의 노래와 영상은 우리나라뿐 아니라 전 세계에 있는 사람들이 함께 보고 듣는다고 해요! 어린아이들이 보고 배울 수 있는 내용도 담겨 있구요. '아기 상어' 노래를 만들 때는 많은 고민을 했대요. '어린이 노래에 들어가는 토끼, 나비, 잠자리와 같은 얌전한 동물 대신 상어를 넣어보면 어떨까?' 라는 생각을 했다고 해요. 당연한 것이 아니라 새로운 것에 도전해보는 것을 통해 유명해지는 창업아이템이 만들어지기도 하는 것 같아요. 오늘은 평소 당연하게 생각하던 것들을 새롭게 볼 수 있는 안경을 한 번 써보면 어떨까요?

4학년 1반 오락실로 놀러 오세요!

해피 오락실

시끄러운 점심시간, 대한이는 그림과 함께 삐뚤빼뚤 '해피오락실'이라고 쓰인 종이를 문 앞에 붙이며 말했어요.

"자, 내일부터 점심시간에 모두 바빠질 준비하라고! 아주 재미있는 오락실 가게가 열릴 거야!"

대한이는 기분 좋은 상상이라도 한 듯 혼자 쿡쿡 웃었어요.

"형, 이게 뭐야?"

1학년 동생 하연이가 대한이의 옷자락을 잡고 물었어요.

"내일 점심시간에 우리 반에서 오락실 가게를 열거거든!"

대한이는 무릎을 굽히고는 하연이에게 최대한 친절한 말투로 설명해주었어요.

"오락실? 게임하고 그런 거?"

하연이 깜짝 놀란 표정으로 대한이를 쳐다보았어요.

"응! 오백 원짜리 많이 가져와. 오빠가 아주 재밌는 거 하게 해줄게!"

대한이가 웃으며 대답했어요.

"우와! 학교에 오락실이 생긴다고? 그럼 게임기 할 수 있는 거야?"

하연이가 기대에 부푼 듯한 표정으로 대한이를 쳐다보았어요. 대한이는 머쓱하게 웃으며 오히려 더 큰소리로 대답했어요.

"게… 게임기는 아니지만, 두더지를 뿅망치로 때리면서 두더지 잡기 게임을 할 거야. 진짜 재밌는 거라고. 내일 꼭 와. 알겠지?"

"두더지 게임? 그게 뭔데?"

대한이는 대답하지 못하고 망설이다가 하연이의 등을 떠밀며 말했어요.

"음… 엄청 재밌는 거야. 알겠지? 내일 꼭 와야 해."

하연이는 당황해하며 복도로 걸어갔어요.

✳ ✳ ✳

드디어 4학년 1반 친구들 모두가 간절히 기다리던 날이 왔어요. 바로 해피오락실이 열리는 날이에요. 아이들은 걱정 반 기대 반으로 서로를 쳐다보며 머쓱하게 웃었어요.

"창업, 창업, 파이팅!"

1반 친구들은 다 같이 손을 모아 파이팅을 외쳤어요. 그러고는 창업 회의 때 각자 정했던 역할 자리로 갔어요.

민지는 문 앞에서 돈을 받는 역할을 하기로 했어요. 천 원을 받으면 오백 원을 거슬러 주고 혹시나 백 원짜리를 펼쳐놓는 동생들이 있으면 그중에서 다섯 개만 챙기고 나머지는 주머니에 넣을 수 있게 도와주기로요.

민수와 예준이는 돈을 낸 아이들이 순서대로 해피오락실 교실로 들어갈 수 있도록 안내하는 역할을

창업, 창업, 파이팅!

맡았어요. 또 다른 다섯 명의 친구들은 복도에서 안전사고가 나지 않도록 우측통행을 안내하며 길을 정리해주기로 했어요. 대한이와 다른 친구들은 헬멧을 쓰고 상자 안으로 들어가 두더지가 되었어요.

  모두가 만반의 준비를 하고 기다렸어요. 그런데 생각보다 4학년 1반 교실 앞은 조용했어요.

"손님이 어떻게 한 명도 안 오는 거야?"

민수가 문 앞에서 짜증이 난 듯 말했어요. 그때 한 남자아이가 걸어왔어요.

"어? 너 두더지 게임 하러 왔니?"

민수가 남자아이에게 물었어요.

"아니요. 저… 슬기 누나한테 줄넘기 빌리러 왔는데요."

남자아이가 당황한 듯 대답했어요.

"아… 너 슬기 동생이구나."

민수는 슬기에게 줄넘기를 받아 건네주었어요.

"너 두더지 게임 할래?"

예준이가 물었지만 슬기의 동생은 고개만 좌우로 젓고는 뛰어가 버렸어요.

그때 6학년 형들 두 명이 걸어왔어요. 종이를 유심히 살펴보더니 복도에 서 있는 민수에게 물어보았어요.

"오, 이거 재밌겠는데? 우리도 해도 돼?"

"응 그럼. 게임 한 판에 오백 원이야!"

민수가 대답했어요.

"에이, 뭐가 그리 비싸. 뽕망치 가지고 두드리는 게 무슨 돈이 든다고."

6학년 형들은 심드렁한 표정으로 말했어요.

"이거 우리 창업이란 말이야! 안 할 거면 방해하지 말고 저리 가!"

민지가 퉁명스럽게 말했어요.

"뭐 어차피 사람도 없으면서…."

형들은 중얼거리며 돌아갔어요. 예준이와 민수는 화가 나서 씩씩댔지만 '손님이 없다는 것'이 사실이라서 특별히 따지지도 못했어요. 그때 바로 옆 반에 있던 2반 친구들 두 명이 교실로 왔어요.

"야, 서대한. 빨리 상자에 들어가! 우리 첫 손님 왔다고."

하율이가 퉁명스럽게 말했어요.

"아… 알겠어."

대한이는 서둘러 상자 속으로 들어가 열심히 뿅망치를 맞았어요.

✳ ✳ ✳

♪ ♩ ♪♪ ♩ ♪

점심시간이 끝나는 종이 울렸어요.

"휴… 정말 힘들었다."

헬멧을 벗으며 울상이 된 하율이가 말했어요.

"점심시간 40분이 이렇게 긴 줄 몰랐어."

옆에 있던 민수도 한숨을 쉬며 말했어요.

"그러니까 말이야. 놀 때는 항상 너무 짧았는데 오늘은 엄청 긴 시간이었어."

대한이도 거들었어요.

"으, 진짜 숨 막혀 죽는 줄 알았어."

두더지 상자에 있던 아이들이 가슴을 열었다 닫으며 큰 숨 쉬는 시늉을 했어요.

"그래도 돈은 좀 벌었겠지?"

대한이가 기대에 찬 눈빛으로 민지를 쳐다보았어요.

"여기 오백 원까지 더하면…"

민지가 동전을 들어 보이며 말했어요.

"천오백 원."

1반 친구들이 탄식했어요.

"애걔, 겨우 그거 벌었다고?"

예준이가 말했어요.

"우리의 황금 같은 점심시간을 다 썼는데 겨우 천오백 원이라니! 말도 안 돼!"

민수가 짜증스럽게 말했어요.

"에이, 진짜 이럴 거면 나 창업하기 싫어!"

하율이도 옆에서 거들었어요.

"오… 오늘은 첫날이라 그렇지! 내일은 더 잘 벌 수 있을 거야!"

대한이가 당황해하며 말했어요.

"이게 과연 시간으로 될까?"

"그럼! 오늘은 첫날이라 애들이 몰라서 그래. 우리가 부자 되는 건 시간문제라고!"

대한이가 일부러 더 목소리에 힘을 주어 말했어요. 아이들이 시무룩한 표정으로 앉아 있을 때 대한이는 계속 말을 이어갔어요.

"일주일만 지나 봐. 다들 몰라서 그런다니까! 진짜 곧 우리 창업이 엄청나게 잘 될 거야!"

몇몇 친구들은 고개를 저었지만, 대한이는 아랑곳하지 않았어요.

"너희 진짜 머리에 구멍 날 정도로 사람 많아질 수 있으니까 조심해. 돈 많이 버느라 계산하는 것 진짜 어려워질 수 있으니까 계산도 잘해야 해, 민지야."

쉴 새 없이 큰 소리로 말하는 대한이의 말에 모두 그저 알겠다고만 했어요.

우리 가게 문 닫아야 해?

그 후 일주일 동안도 4학년 1반 해피오락실에 찾아오는 사람은 거의 없었어요. 날이 따뜻해져서 오히려 운동장만 더 북적였어요. 그리고 월요일 1교시 창업 회의 시간이 되었어요.

"얘들아. 우리 가게 망한 것 같지 않니? 우리 문 닫아야 할 것 같아. 이것에 관한 이야기를 좀 해보자."

민지가 '해피오락실 폐업'에 대한 이야기를 회의 시간 안건으로 꺼냈어요.

"맞아, 사람이 안 오고 있다고!"

"우린 점심시간에 놀지도 못하는데 돈도 못 벌고!"

"이 오락실은 이미 망한 것 같으니 가게 문 닫아요!"

아이들이 저마다의 목소리로 아우성을 쳤어요. 그중에 유일하게 대한이만 아무 말도 하지 못했어요.

"서대한. 네가 책임진다며!"

민지가 대한이에게 날카로운 말투로 이야기했어요.

"내가 그렇게 말하긴 했지만…."

대한이는 고개도 들지 못하고 말했어요.

"그러니까 말이야. 내가 말했잖아. 무턱대고 시작하면 어떡하냐? 난 망할 것 이미 예상했었다고."

하율이가 본인은 모든 것을 다 알았던 것처럼 팔짱을 끼고 말했어요.

"치. 재밌을 거라고 했으면서"

대한이는 눈물이 가득 차올랐지만 입술을 꼭 깨물고 하율이를 째려봤어요.

"우리 그러면 이제 해피오락실 닫는 거야?"

민지가 정리하며 말했어요.

"진짜 우리 문 닫아야 하는 거지?"

하율이가 아쉽다는 듯 물었어요.

다른 아이들이 모두 고개를 끄덕였고 대한이는 고개를 푹 숙였어요.

우리가 빚쟁이라니?

"이제 어떻게 할 거야! 우리 '해피오락실' 한다고 빚도 있잖아!"

민지가 적막을 깨고 심각한 얼굴로 이야기했어요.

"빚? 빌린 돈?"

하율이가 화들짝 놀라서 말했어요.

"해피오락실 열겠다고 두더지 게임 상자 만들 때 선생님께 돈 빌렸잖아."

민지가 공책에 크게 적어놓은 숫자 '30,000'을 보여주며 말했어요.

"선생님께서 그냥 주신 것 아니었어요?"

대한이가 두 손을 모으고 간절한 눈빛으로 선생님을 쳐다봤어요. 담임 선생님은 빙그레 웃으며 대한이를 쳐다보셨어요. 그러고는 전체 아이들을 보며 말씀하셨어요.

"여러분. 무슨 일에든 책임이 따르는 법이에요. 여러분이 오락실 창업을 하기로 선택한 것에도, 돈을 빌리기로 한 것에 대해서도요. 선생님이 삼만 원을 여러분에게 그냥 줄 수도 있지만, 약속했었죠? 창업을 할 때는 여러분이 한 말에 대해 책임지는 것이 중요하다는 점을 알아야 해요. 그래서 선생님은 이 돈을 꼭 받을 거예요."

선생님 말이 끝나자 몇몇 아이들의 걱정 섞인 한숨 소리가 들렸어요.

"휴… 우리 이제 어떡하지?"

예준이가 '땅이 꺼져라' 깊은 한숨을 쉬며 말했어요.

"얘들아! 어떻게 하긴! 창업 한 번 실패했다고 두 번 실패하라는 법 있냐! 더 좋은 가게를 차리고 돈 많이 벌어서 갚으면 되지!"

민지가 무심한 말투로 친구들에게 위로의 말을 건넸어요.

"김민지, 네가 웬일이냐?"

대한이가 믿을 수 없다는 듯 민지를 쳐다봤어요.

"이건 우리 전체의 책임이기도 하니까. 특히 빌린 돈에 이자가 늘어나기 전에 더 멋진 창업을 해야지!"

민지가 의기양양한 듯 말했어요.

"아! 맞다. 이자가 있었지? 얼마였더라?"

하율이가 초조한 듯 민지를 쳐다보았어요.

민지는 공책을 뒤적이며 말했어요.

"선생님께서 돈을 빌려주는 대신 일주일에 백 원씩 이자를 받으신다고 하셨어. 우리가 삼만 원 빌렸는데 4주가 지났네. 원금 삼만 원에 이자 사백 원까지 총 삼만사백 원을 갚아야 해!"

"계속 빚이 늘어나는 거야?"

대한이가 작아진 목소리로 말했어요.

"이자는 계속 늘어나지! 우리가 갚아야 할 돈이 점점 많아진다고."

민지는 공책을 가리키며 말했어요.

"앗, 우리 진짜 어떻게 해! 빨리 갚을 방법이 없을까? 누구 좋은 아이디어 있는 사람?"

하율이가 다급한 목소리로 말했어요.

"우리가 돈 벌어서 갚겠다고 했으니까 돈을 다시 버는 수밖에…."

민수가 진지한 표정으로 말했어요.

"어떻게 돈을 벌지?"

다들 조용해졌어요. 그 적막을 깨고 선생님이 말씀하셨어요.

"여러분, 잊은 것이 있어요. 여러분이 빌린 돈도 있지만, 해피오락실로 번 돈도 있잖아요."

민지가 생각났다는 듯 말했어요.

"아, 맞다. 오천 원! 우리에게 벌었던 돈이 있지?"

옆에서 하율이가 말했어요.

"그런데 교실을 사용하니까 세금도 내야 한다고 하지 않았어?"

"맞아. 번 돈의 10%를 내야 하니까 오백 원을 선생님께 드려야 해."

"그럼 우리 선생님께 갚을 돈 삼만사백 원 그리고 세금 오백 원을 합하면…."

민수가 재빠르게 말했어요.

"삼만구백 원!"

"그럼 우리 아직도 빚이 남아 있는 거야?"

"그렇게 열심히 뽕망치를 맞았는데 우린 빚쟁이라니…."

"아직 포기하긴 일러! 다시 창업해야지! 사람들이 많이 오는 가게를 열어야지!"

적막을 깨고 대한이가 아까보다 조금은 커진 목소리로 말했어요.

"또 지난번에 네가 만든 '왕왕딱지' 같은 이상한 가게 열려고?"

민지가 대한이를 째려보는 표정을 하고는 이내 웃었어요.

"아니거든! 우리 이제 창의적 체험시간에 창업에 대해 배운다고 했지? 나 정말 열심히 배워서 이번에는 잘해볼 거야!"

대한이가 씩씩한 목소리로 말했어요.

"그래. 지난번에는 사실 우리가 창업이 뭔지도 잘 몰랐잖아! 마음만 급하게 오락실을 열었고. 이번에는 계획부터 꼼꼼하게 잘 준비해서 우리 반만의 멋진 가게를 차릴 거야."

민수도 결심한 듯 말했어요.

"창체시간에 창업에 대해 열심히 배우고 다시 시작해보자!"

"좋아!"

4학년 1반 아이들이 서로 응원해주며 배시시 웃었어요. 대한이는 머쓱한 듯 활짝 웃지 못하고 머리를 긁적거렸어요

창업가 이야기 2

아이폰을 만든 스티브 잡스

사과 모양이 그려진 스마트폰이나 태블릿, 컴퓨터를 본 적 있나요? 아이폰과 아이패드, 맥북은 '애플'이라는 회사에서 만들었어요. 많은 사람들이 예쁘고 편리하게 이것들을 사용하고 있죠. 애플 회사를 처음 창업한 사람은 '스티브 잡스'와 '워즈니악'이에요. 그중 '스티브 잡스'는 어릴 때부터 호기심이 많고 궁금한 것은 무엇이든 해결하려고 노력하는 사람이었어요. 많은 꿈을 꾸고 상상하며 그것을 만들어가기 위해 애썼던 사람이에요. 처음 창업을 시작할 때는 아버지 창고에서 조그맣게 시작했어요. 애플 회사의 첫 아이템은 자동차도 팔고, 계산기도 팔아서 만들었다고 해요.

어려운 상황도 많았지만 스티브 잡스는 포기하지 않고 계속해서 도전했어요. 매번 세상에 놀라움을 던져주던 스티브 잡스는 자신의 호기심과 생각을 믿고 용기 있게 도전하라고 했어요! 또한 자신이 '정말 하고 싶은 일'을 찾아보라고 했어요. 여러분이 정말 하고 싶은 일은 무엇인가요? 스스로를 믿고 도전해보세요!

실패는 성공의 어머니

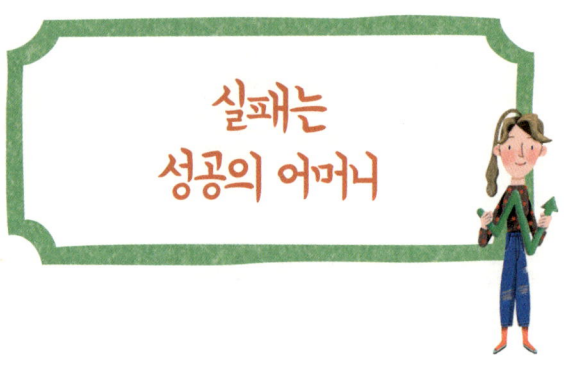

창의체험시간, 예은 선생님이 씩씩한 발걸음으로 들어오셔서 우렁찬 목소리로 말씀하셨어요.

"여러분! 오늘부터 창업에 대해 구체적으로 배워볼 거예요."

아이들이 눈을 반짝이며 선생님을 쳐다보았어요.

선생님은 칠판에 '해피오락실이 망한 이유'라고 크게 적고 말을 이어가셨어요.

"오늘은 창업 수업의 시작으로 '첫 번째 창업이 망한 이유'를 생각해보고 이야기를 나눠볼 거예요."

아이들은 선생님의 말씀에 불평을 쏟아냈어요. 먼저 하율이가 손을 들고 말했어요.

"에이, 이미 망한 것을 꼭 얘기해야 하나요? 속상하기만 한데!"

민수도 고개를 끄덕이며 말했어요.

"맞아요. 빨리 새로운 가게를 어떻게 열지 논의해야죠!"

아이들의 불만 소리가 커지자 대한이의 안색은 점점 어두워졌어요.

"휴…."

"해피오락실 열면서 무조건 성공한다고 큰소리치던 '서대한' 어디 갔나 몰라?"

대한이의 큰 한숨 소리를 듣고 짝꿍 민지가 말했어요.

"처음에는 사람들이 가게에 많이 올 것 같았는데 왜 망한 걸까? 분명 잘 되리라 생각했는데…."

대한이가 억울하다는 듯이 대답했어요. 그 모습을 지켜보시던 선생님은 손뼉을 '탁' 치셨고 그 모습을 본 아이들은 하던 말을 멈추고 선생님을 쳐다봤어요. 반이 고요해지니 선생님이 말을 이어가셨어요.

"실패가 꼭 나쁜 것만은 아니에요. 실패했을 때 대한이처럼 고민하는 것이 다음 창업을 위해 정말 중요하답니다."

민수가 맘에 들지 않는다는 듯한 표정으로 선생님께 질문했어요.

"선생님, 저희가 손님이 아닌데 그걸 어떻게 알아요?"

"그래요. 창업을 한 우리는 손님이 아니라 가게 주인의 입장이죠. 그러니 손님의 입장이 되어서 '어떤 점이 좋았는지 반대로 어떤 점이 불편했는지' 생각해보는 거예요. 그것을 찾다 보면 더 성공적인 창업을 준비하는 데 아주 큰 도움이 될 거예요."

민지가 갑자기 손을 들더니 우쭐대듯 말했어요.

"그런 말이 있잖아요. '실패는 성공의 어머니'라고."

1반 아이들이 그런 민지를 보고는 '오!' 하며 엄지손가락을 치켜세워주었어요. 선생님은 빙그레 웃으며 말씀하셨어요.

"맞아요. 우리의 실패를 통해 더 좋은 창업아이템을 만들 수 있을 거예요."

아이들은 알았다는 듯 고개를 끄덕이며 모둠별로 '해피오락실'에서 좋았던 점과 아쉬웠던 점들에 대해 적극적으로 이야기했어요. 한참을 이야기하고 난 후 발표를 하는 시간이 되었어요.

"여러분. 해피오락실에 왜 사람들이 많이 오지 않았을까요?

먼저 아쉬웠던 점들을 말해볼까요?"
아이들은 하나둘씩 손을 들고 말했어요.
"우리가 해피오락실을 하는지 모르는 사람들도 많았어요!"
"3층까지 올라와서 봐야 하는데 1, 2층에 있는 사람들은 잘 몰랐을 것 같아요."

"우리가 홍보지라도 붙였으면 좋았을 텐데…."

"아, 그리고 비싸서요."

"오백 원이긴 하지만 뿅망치만 때리고 끝나는 게임이라 비싸다고 생각할 수 있을 것 같아요."

"우리가 보너스 간식이라도 줄걸 그랬나 봐!"

"그러게. 매일 똑같은 두더지 게임만 한 것도 실패의 원인일까?"

"공기놀이가 유행해서 그런 것도 있는 것 같아!"

"맞아. 요즘 2학년들은 다들 공기놀이 하느라 교실 밖으로 안 나오더라!"

　1반 아이들의 의견을 선생님은 칠판 왼쪽에 적으셨어요. 그리고 가운데 선을 그리시더니 오른쪽 부분을 가리키면서 말씀하셨어요.

"좋아요. 해피오락실이 잘되지 않은 여러 가지 이유가 있을 수 있겠네요. 아쉬웠던 점을 보완해서 다음 창업 때 참고하면 좋을 거예요. 이번에는 반대로 어떤 점이 좋았다고 생각하나요?"

"해피 오락실이 망하긴 했지만, 창업을 시작해봤다는 것이 아주 좋은 시도였다고 생각해요."

"점심시간에 운동장에 가고 싶지 않은 친구들에게 가까운 곳에서도 놀 수 있는 즐거움을 주었으니까요."

"학교에서 '오락실'이라니 대단하고 기발한 생각 같아요!"

"3주 동안 작지만 소중한 오천 원을 벌었어요."

"돈 계산하는 것도 배웠지."

"손님들에게 어떻게 친절하게 말해야 하는지도 배웠어요."

"그래요. 이렇게 시작해봤다는 것 자체가 대단한 거예요. 그렇지만 우리가 창업에 대해 많은 부분을 고민해보진 못했던 것 같아요. 다른 사람이 필요할 것 같은 아이템을 찾았다고 바로 창업을 시작할 것이 아니라 꼼꼼하게 준비하는 시간도 필요해요! 이번 실패를 기회 삼아 더 좋은 창업을 할 수 있을 거예요. 다음 창업을 기대해봅시다!"

"네."

아이들은 우렁찬 목소리로 대답했어요.

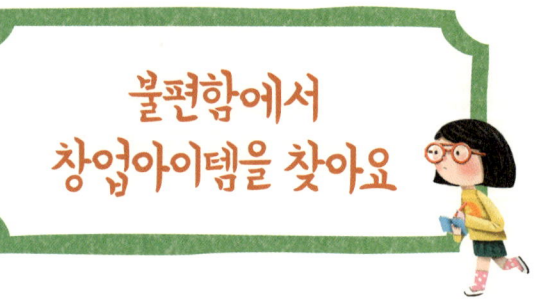

불편함에서 창업아이템을 찾아요

 창의체험시간이 되어 선생님이 교실에 들어오자마자 인사도 하기 전에 대한이가 다급하게 선생님을 불렀어요.
 "선생님, 저의 급한 마음 때문에 해피오락실이 실패한 건 알겠어요. 그런데 앞으로 창업은 도대체 어떻게 해야 잘 되는 거예요? 제가 지난주 내내 좋은 아이디어를 정말 많이 떠올렸는데 그중에서 어떤 것을 선택해야 할지 몰라서요."
 선생님은 머리를 긁적이는 대한이를 귀엽다는 듯 바라보시며 말씀하셨어요.
 "좋은 질문이에요. 창업에 성공하려면 여러 가지 생각해봐야 할 것이 많아요. 음… 그중에서 먼저, 어떤 것을 팔 것인지 결정하는 것이 중요하죠. 무엇보다 창업아이템을 잘 찾아야 해요."

"창업아이템이요?"

"네. 우리 가게에서 무엇을 팔 것인지가 가장 중요하겠죠. 지난번에 친구들이 말했던 핫초코나 왕딱지 같은 것이 될 수 있겠죠? 사람들이 우리 가게에 찾아와서 많이 살 만한 상품을 찾아야 해요."

하율이가 궁금하다는 듯 손을 들고 물어보았어요.

"선생님, 좋은 아이템은 어떻게 찾을 수 있어요?"

"일단, 무조건 '내가 좋은 것'만이 아니라 '다른 사람들이 필요한 것'을 찾아봐야 해요."

민수가 작은 소리로 중얼거렸어요.

"다른 사람들이 필요할 것 같은 것…? 그게 뭐가 있을까?"

1반 아이들이 잘 모르겠다는 듯한 표정으로 서로를 쳐다보고 있을 때 선생님께서 말씀하셨어요.

"창업아이템을 잘 찾는 방법 중 하나는, 내 주변의 작은 불편함에서

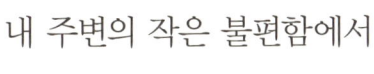

창업을 시작해보는 거예요. 여러분 주변에서 그동안 불편하다고 느낀 것이 있었나요? 그것에서부터 창업아이템을 찾을 수 있어요."

친구들은 무슨 말인지 모르겠다는 표정으로 선생님을 쳐다봤고 선생님은 친절한 말투로 계속해서 말씀하셨어요.

"예를 들어서 머리카락을 자르고 싶은 사람들이 많은데 동네에 머리카락을 잘라주는 사람이 없다고 상상해봐요. 어떤 가게를 열면 잘될까요?"

아이들은 너도나도 손을 들고 말했어요.

"미용실이요!"

"그렇죠. 그렇다면 미세먼지가 많거나 감기가 유행할 때에는 어떤 가게가 잘될까요?"

"음. 병원도 있지만 마스크 가게요! 지난번 코로나 19 때도 마스크가 엄청나게 잘 팔렸잖아요."

아이들이 신이 난 듯 각자 이야기했어요.

"맞아. 그때 마스크를 처음 만들어서 판 사람은 지금쯤 큰 부자가 되었을 거야."

"우리 아빠도 그때 마스크 장사를 했어야 한다고 엄청나게 아쉬워하던데?"

"마스크 가게뿐 아니라 손 세정제나 소독 용품을 파는 가게도 잘 됐을 것 같아요!"

"그러게! 미세먼지와 감기를 막기 위해서 사야 할 게 많네."

선생님은 이야기를 들으시고는 흐뭇하다는 듯 말씀하셨어요.

"그래요. 그것처럼 다른 사람이 필요한 것을 찾고 불편함을 해결해주는 것이 창업의 시작이 될 수 있어요."

"와. 정말 다른 사람들의 불편함을 해결해주면 사람들은 돈을 내고 가게를 이용하겠구나!"

"불편함을 해결해주면서 부자가 된다니. 이거야말로 '누이 좋고 매부 좋고'잖아."

"민지야. 누이 뭐? 매부가 뭐라고?"

"서대한! 너는 이 속담도 모르냐? 사는 사람은 불편함을 해결해서 좋고, 파는 사람은 돈을 벌 수 있으니까 좋다고! 그럼 서로 좋은 거잖아."

"요즘 나오는 '로봇 청소기'도 좋은 창업아이템 같아요! 우리가 청소하는 불편함을 덜어주잖아요."

"맞네!"

"그렇게 생각하면 '선풍기'도 그래요. 우리의 더위를 해결해주니까요. 주변을 둘러보니 좋은 창업 아이템들이 많네요!"

"헤헤. 그러네. 나도 다른 사람들의 불편을 해결해주고 큰 부자가 되어야지!"

"으이그. 또 서두르지 말고 차근차근 잘 준비하자고!"

"알겠어."

민지와 대한이는 서로를 쳐다보며 밝게 웃었어요.

✶ ✶ ✶

"자, 이번 시간에는 각자 생각해 온 아이템을 소개하는 날이죠."

창업아이템을 준비해온 친구들은 발표할 생각에 들떴는지 엉덩이를 들썩였어요. 첫 번째 모둠에 있는 친구부터 나와서 발표를 시작했어요.

"안녕하세요. 저는 매일 실내화 주머니를 가지고 다니는 것이 불편하다고 생각했습니다. 그래서 실내화를 의자 밑에 붙이면 어떨까 생각해보았습니다. 그러면 실내화 주머니를 매일 들고 다니지 않아도 됩니다."

손가락으로 의자 밑부분을 가리키며 말했어요.

"여기에 붙일 수 있는 실내화 모양의 강력찍찍이를 판매하는 거예요. 실내화를 붙여 놓고 필요할 때 집에 가져갈 수 있도록 하는 아이템입니다."

발표가 끝나자 아이들이 박수를 쳐주었고 차례로 준비한 다른 친구들도 나와서 발표했어요.

"제가 생각한 건 실내화 세탁 서비스예요. 매주 금요일이면 실내화를 가져가서 세탁해와야 하는데 그것을 우리가 대신해주면서 돈을 받는 거예요."

"요즘 우리 학교 운동장에 강아지들이 많이 들어오는데 강아지들이 들어오지 못하도록 막는 펜스를 만들어서 학교에 팔면 좋겠습니다."

"어제 점심시간에 급식을 먹을 때 발견했던 것인데요. 제가 감기라 마스크를 쓰고 왔는데요. 마스크를 옆에 내려놓았다가 카레가 튀어서 노랗게 되는 일이 있었습니다. 지난번에 김치가 튀었을 때는 빨간 마스크가 되었습니다."

아이들은 그 말을 듣고는 까르르 웃었어요.

"그래서 마스크 색이 변하지 않게 잘 보관할 수 있도록 가림막에 붙일 수 있는 마스크 보관통을 만들어서 팔았으면 좋겠습니다."

"저는 오늘의 급식메뉴를 알려주는 종이를 아침마다 배달해 주는 배달 종이를 팔면 좋겠습니다. 매일 아침 반마다 돌아다니면서 점심 메뉴를 알려주는 서비스를 하면 좋을 것 같습니다."

몇몇 아이들이 더 나와서 발표했고 떡볶이, 핫초코, 솜사탕과 같은 다양한 음식을 팔자는 의견들도 나왔어요. 선생님과 아이들은 발표가 끝날 때마다 큰 박수를 쳐주었어요. 예은 선생님은 활짝 웃으며 말씀하셨어요.

"여러분, 제법인데요? 각자 준비해 온 창업아이템들을 듣고 깜짝 놀랐어요. 창업아이템에 대해 열심히 생각해보고 주변의 불편함을 해결해 줄 수 있는 아이템에 대해 여러분이 열심히 고민해본 것 같아요. 다음 시간에는 여러분의 좋은 아이템을 어떻게 하면 잘 팔 수 있을지 함께 고민하는 시간을 가져요."

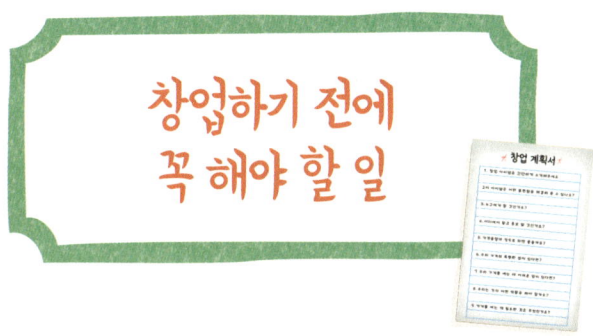

창업하기 전에 꼭 해야 할 일

창업 회의 시간이 되었어요.

"여러분, 선생님은 정말 깜짝 놀랐어요. 지난주 발표 시간 때 다른 사람들의 불편을 줄여주고 돈을 벌 수 있는 아주 좋은 아이디어들이 많이 나왔어요."

몇몇 친구들이 침을 꼴깍 넘기는 소리가 들렸어요. 서로 눈치를 보듯 긴장된 분위기도 흘렀죠. 이 분위기를 깨듯 민수가 손을 들었어요.

"선생님! 그중에서 어떤 아이템으로 우리가 창업을 하게 되는 거죠?"

"음… 그건…"

예준이가 손을 들고 말했어요.

"제 아이디어가 괜찮은 것 같은데요?"

다른 친구들도 앞다투어 말했어요. 자신의 아이디어로 창업해야 돈을 더 많이 벌 수 있을 거라고 말이에요. 어떤 친구들은 돈보다 다른 사람들의 불편을 해결해줄 수 있는 자신의 아이템이 훨씬 좋다고도 했어요. 선생님은 아이들을 진정시키며 말씀하셨어요.

"자, 그만, 그만. 아이디어가 좋다고 해서 바로 가게를 열 순 없어요."

아이들은 화들짝 놀랐어요. 그리고 눈이 모두 동그래졌어요.

아이들을 보시며 선생님께서 말을 이어가셨어요.

"가게를 열 때는, 사람들이 정말로 필요로 하는 아이템인지 돈을 내고 구매할지 확인해보는 과정들이 필요해요!"

"어떻게요?"

"자, 아주 특별한 숙제가 있어요! 이번에는 조별 숙제예요. '창업계획서 쓰기'."

"창업계획서가 뭐예요?"

"여러분이 방학을 어떻게 보낼지 계획하는 방학계획표를 세우죠?"

"네."

"가게를 열기 전에도 가게의 물건이 누구에게 필요한지, 어디에서 팔면 좋을지, 또 얼마에 팔면 좋을지 써보는 거예요."

선생님이 종이를 들어 보이며 빙긋 웃으셨어요.

"귀찮은데 그냥 가게를 바로 열면 안 되나요?"

"맞아요. 그중에 하나 잘되면 되는 거잖아요."

"그렇게 해보는 것도 좋은 경험이 되겠지만 우리에게는 정해진 것이 있어요."

대한이가 갑자기 이마를 '탁' 치며 대답했어요.

"아! 시간. 그리고 돈이요."

"그래요. 가게를 열기 위해서는 필요한 시간과 돈이 있어요. 가게가 잘되어야 갚을 수 있는데…."

"여러 가게를 열면 그만큼 돈을 많이 쓰고 이자가 늘어나겠네요!"

"아주 정확해요. 우리에게 돈이 많고 시간이 많다면 계속 가게를 열 수 있겠지만. 우리의 돈은 정해져 있고, 가게를 열고 닫고 열고 닫고 반복하다 보면 시간도 많이 흐르게 되겠죠."

민지가 무릎을 '탁' 치면서 말했어요.

"시간과 돈을 아끼기 위해서 창업계획서를 쓰는 거구나!"

"그래요. 내가 창업하려고 하는 아이템이 다른 사람에게 진짜 필요한지 알아보고 열면 시간과 돈을 훨씬 절약할 수 있겠죠!"

"오호! 이번 숙제 정말 재밌겠는데요?"

민수가 흥미로운 눈빛을 빛냈어요.

"자, 각자 아이디어를 생각해온 친구들이 조장이 되고 나머지는 조원이 되어 조별로 숙제를 하는 거예요. 먼저, 창업계획서를 쓰기 전에 꼼꼼하게 살펴보고 오도록 해요."

✻ ✻ ✻

"으, 이걸 다 써야 한다고?"

민지가 인상을 찌푸리며 종이를 들어 보였어요.

"너무 많잖아! 아홉 가지나 되는걸? 이걸 언제 다 써!"

"생각해야 할 게 정말 많네."

창업 계획서

1. 창업 아이템을 간단하게 소개해주세요

2. 이 아이템은 어떤 불편함을 해결해 줄 수 있나요?

3. 누구에게 팔 것인가요?

4. 어디에서 팔고 홍보 할 것인가요?

5. 가격을 얼마 정도로 하면 좋을까요?

6. 우리 가게의 특별한 점이 있다면?

7. 우리 가게를 여는 데 어려운 점이 있다면?

8. 우리는 각자 어떤 역할을 해야 할까요?

9. 가게를 여는 데 필요한 것은 무엇인가요?

"이걸 꼭 써야 할까? 그냥 하면 안 되나?"

"야! 너 지난번에 가게 망했던 것처럼 되고 싶지 않다며!"

"그, 그건 그렇지만…."

"혼자 하는 것도 아니고 같이 하는 거니까 한번 해보자!"

"그래. 지난번처럼 망할 순 없지!"

"이번에는 제발, 제발 잘되어서 부자가 되었으면 좋겠다."

민수가 두 손을 모아 기도하는 모습으로 말했어요.

"이걸로 뭔 부자가 된다고. 말도 안 돼!"

"야, 우리 학교 5학년 예지 언니도 청소년 창업경진대회 나가서 오백만 원이나 받았대!"

"에? 오백만 원?"

"와, 진짜?"

친구들의 눈이 휘둥그레졌어요.

"그래. 우리도 이렇게 큰 부자가 될지 누가 아니!"

"창업경진대회 나가려면 창업계획서 쓰는 것은 필수라고 하더라!"

"처음이라 뭘 써야 할지 잘 모르겠네…."

"에이. 어떻게 첫술에 배부르겠어. 배우면서 채워가야지."

"좋아. 우리 끝까지 해보는 거야!"

민지와 대한이, 하율이 그리고 민수가 함께 손을 맞잡으며 고개를 끄덕였어요. 그러고는 창업계획서를 하나씩 꼼꼼히 살펴보았어요.

창업가 이야기 3

우리 집 앞 당근마켓,
김용현 대표

'당근!' 하면 무엇이 먼저 떠오르나요? 토끼가 좋아하는 채소 당근이 떠오르나요? 요즘 부모님들의 스마트폰에서 울리는 '당근' 알람 소리 들어본 적 있지 않은가요? '당'신의 '근'처의 '마켓'의 줄임말인 '당근마켓'이라는 애플리케이션이 있어요. 필요하지 않은 물건을 내 주변에 필요한 사람들에게 팔 수 있도록 해주는 공간이에요. 이제는 내가 쓰지 않는 장난감을 내 주변에 필요한 사람에게 줄 수 있답니다. 이런 당근마켓을 처음 생각한 사람이 바로 '김용현' 대표예요. 같은 지역에 사는 사람들끼리 중고거래를 할 수 있도록 창업아이템을 만들었어요. 그리고 서로 안전하게 거래할 수 있도록 '매너 온도'라는 아이디어를 넣었답니다. 좋은 거래를 한 사람은 온도가 높아지고 약속을 어기는 사람들에게는 온도가 낮아지는 방법을 사용했어요. 김용현 대표는 사람들이 편리할 수 있도록 도와주면서 멋진 창업가가 되었어요. 여러분은 사람들에게 어떤 불편함을 해결해주고 싶은가요? 그것이 여러분의 창업아이템이 될 수 있어요!

창업가 정신을 배워요

창업가정신이 뭐예요?

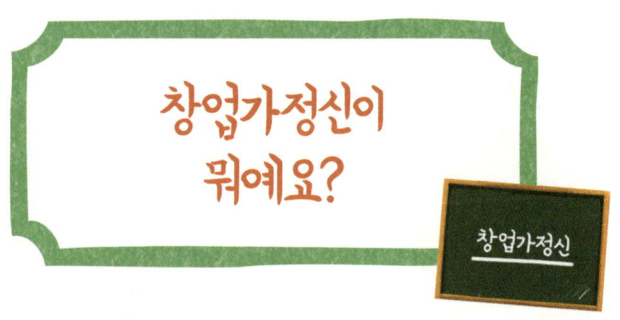

"여러분, 창업계획서는 잘 살펴봤나요?"

"네."

"창업할 때 생각할 게 정말 많던데요?"

"맞아요. 우리가 해피오락실을 열 때는 생각하지 못했던 것들이 정말 많았어요."

"계획서를 꼼꼼하게 잘 준비하면서 쓰기만 해도 창업에 문제가 없겠던데요?"

아이들의 깊은 생각이 담긴 대답에 선생님은 환하게 웃으셨어요.

"좋아요. 창업가가 되기 위한 아주 바람직한 마음이에요."

"창업가가 되려면 그런 마음도 필요해요?"

"그럼요. 어떤 일에든 '중요한 것은 꺾이지 않는 마음'이라고 하잖아요!"

"선생님, 창업하는 데는 도대체 어떤 마음이 필요한 거예요? 그냥 열심히만 하면 되는 게 아닌가요?"

선생님은 뒤돌아서 칠판에 큰 글씨로 '창업가정신'이라고 쓰셨어요. 아이들은 새로운 단어에 눈만 꿈뻑였어요.

"바로 '창업가정신'이라고 할 수 있겠죠."

"창업가정신이 뭐예요?"

"실패를 두려워하지 않고 끝까지 해내려는 마음, 그리고 더 나은 세상으로 바꾸려는 마음이라고 할 수 있겠네요."

민수가 쭈뼛거리며 손을 들고 말했어요.

"선생님, '창업가정신'이 저에게 있는지 잘 모르겠어요."

"당연히 아직은 그럴 수 있어요. 이제부터 여러분이 직접 창업을 준비하고 계획서를 작성하면서 창업가정신을 기르게 될 거예요! 그런 의미에서 이제부터 창업계획서를 쓰고 진짜 창업을 준비해보도록 해요!"

"언제까지 해야 해요?"

"시간은 한 달을 줄게요. 한 달 동안 같은 조끼리 충분히 고민해보고 아이템을 찾아보면서 완성하길 바라요!"

"네!"

창업가정신

: 실패를 두려워하지 않는 혁신적이고 창의적인 사고를 바탕으로, 빠르게 변화하는 사회에 능동적으로 대응하여 새로운 가치를 창출하려는 태도나 행동 양식을 말한다. (출처 : 교육부·한국청년기업가정신재단, 2020)

(1) 어려운 상황을 변화시키려는 노력이 필요해요!

(2) 새롭게 바라보려는 반짝이는 눈이 필요해요!

(3) 어떤 상황에도 포기하지 않는 태도가 필요해요!

(4) 물건이 잘 팔릴 수 있는 시간과 장소가 있어요!

(5) 혼자가 아니라 함께 가려는 마음이 필요해요!

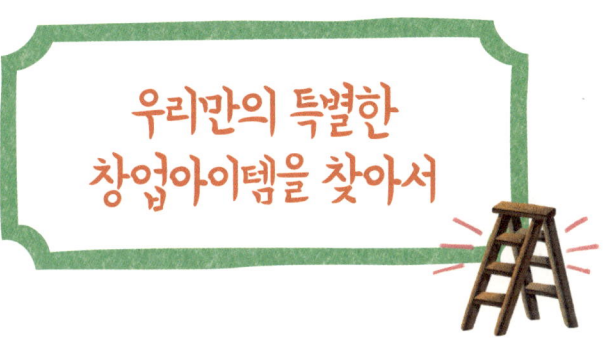

우리만의 특별한 창업아이템을 찾아서

드디어 '창업계획서 쓰기' 숙제를 하는 첫날이에요. 대한이는 밤새도록 창업에 대해 생각하느라 늦잠을 자고 말았어요. 대한이는 조별숙제를 위해 학교로 서둘러 달려갔어요.

"야, 왜 이렇게 늦게 와!"

민지는 대한이를 보자마자 짜증 섞인 말투로 말했어요.

"별로 늦지도 않았구먼. 뭘!"

"하필 왜 우리가 같은 조야!"

"나도 싫거든?"

대한이와 민지는 만나자마자 또 으르렁거렸어요.

"도대체 우리 학교에 창업할 만한 게 어디 있다는 거야? 불편한 것도 없는데."

"돌아다녀 보면 알겠지! 이따가 2교시 끝나고 쉬는 시간에 2학년 교실을 한번 둘러보자!"

쉬는 시간이 되자 대한이와 민지는 2학년 교실 앞으로 갔어요. 그런데 쉬는 시간인데도 아이들이 여전히 자리에 앉아 머리를 싸매고 있는 게 아니겠어요? 둘은 동생들에게 가까이 다가갔어요.

"너희 쉬는 시간인데 안 놀고 뭐 하는 거야?"

"언니! 이것 좀 도와주라."

2학년 동생 서진이가 자신의 책을 밀면서 말했어요.

"응? 수학? 뭐가 어려워?"

"응. 선생님이 숙제를 내주셨는데 도저히 어려워서 풀 수가 없어."

"아. 이건 쉬운 문제네! 모두 몇 개냐고 물어보는 문제는 두 숫자를 더하면 되지!"

민지가 으쓱해져서 친절하게 서진이의 수학 숙제를 도와주었어요.

그 모습이 맘에 들지 않는 듯 대한이가 민지에게 말했어요.

"야, 김민지. 우리도 숙제해야 하는데 언제까지 동생들만 도와줄 거야."

민지가 대답했어요.

"가만있어 봐. 지금 서진이 도와주는 게 우리 숙제하는 것이기도 하니까."

대한이는 알 수 없다는 듯한 표정으로 대답했어요.

"응? 이게 우리 숙제라고?"

민지는 어려워하는 동생들의 숙제를 한참 동안 도와줬어요. 서진이가 손뼉을 치며 말했어요.

"와. 언니 정말 고마워. 언니 덕분에 어려운 수학 숙제를 겨우 끝냈어."

옆에 있던 지영이도 엄지손가락을 치켜세우며 말했어요.

"맞아 언니. 다음에도 또 알려주면 안 될까?"

"음, 그건 언니가 고민 좀 해볼게."

민지가 빙긋 웃었어요. 2학년 교실에서 나오는데 의아한 듯 대한이가 민지에게 물었어요.

"아니, 이게 도대체 무슨 우리 숙제라는 거야?"

"어이구 정말. 지금 저 2학년 친구들이 뭘 어려워했어?"

"숙제?"

"그래. 숙제."

"수학 숙제가 뭐!"

"그 수학 숙제를 어려워하는 동생들의 문제, 그러니까 불편함이 있잖아!"

대한이는 그제야 알겠다는 듯 활짝 웃었어요.

"우리가 그런 불편함을 해결해주는 거지!"

"와, 김민지 짱인데? 우리가 숙제 도우미를 하자는 거지?"

"그렇지. 동생들은 숙제를 쉽게 해결해서 좋고. 우리는 백 원씩 받고 숙제를 도와주고!"

"오. 꿩 먹고 알 먹고잖아?"

"진짜 불편함을 찾으니까 창업아이템이 되기도 하네?"

"그러게, 신기하다 진짜!"

"또 찾으러 가보자. 우리 학교의 불편함들을!"

"그래, 좋지! 우리 이러다가 대단한 창업가가 여기 있다고 플래카드 걸리는 거 아니야?"

팔짱을 끼고 우쭐한 듯 대한이가 자세를 취했어요.

"얼른 다른 곳에 또 가보자! 그러고 있을 시간 없다고."

둘은 웃으며 학교에 있는 또 다른 불편함을 찾겠다며 운동장으로 걸어갔어요.

✲ ✲ ✲

"쉿!"
대한이가 검지를 입에 가져다 대며 말했어요.
"나도 그 정도는 안다고!"
민지가 작은 소리로 퉁명스럽게 말했어요.
"이쪽으로 와 봐."
대한이가 손짓하며 말했어요.
"무슨 창업아이템이 있다고 도서관으로 오라는 거야!"
민지는 작은 소리로 중얼거리며 대한이를 따라갔어요. 한참을 걸어가다가 대한이가 고개를 들어 높은 곳에 있는 책을 가리켰어요.
"저기 위에 있는 책 보고 싶을 때 있지?"
"응? 갑자기 저기 위에 있는 책은 왜?"
"도서관에서 높이 있는 책 보고 싶을 때 있잖아!"

"그럼. 당연히 있지."

"그럴 때 어떻게 해?"

"어떻게 하긴 사서 선생님께 부탁드려서 꺼내 달라고 하지."

"내가 이제 사서 선생님 없이도 할 방법을 찾았어."

"오! 그게 뭔데?"

민지가 눈이 동그래지면서 대한이를 쳐다봤어요.

"그게 바로 나, 서대한의 창업아이템이지!"

"그니까 그게 뭐냐고!"

민지가 조금 큰 목소리로 말하자 도서관에 있던 다른 친구들이 쳐다봤어요. 민지가 머쓱한 듯 고개를 숙여 미안하다고 하고는 대한이를 쳐다봤어요.

"바로 여기에 의자를 가져다가 놓는 거지!"

"의자?"

"응! 높은 곳에 있는 책을 꺼낼 수 있도록 의자를 가져다 놓는 거야. 그 의자가 우리의 창업아이템이고!"

대한이와 민지는 신이 나서 사서 선생님을 찾아갔어요.

"선생님! 저희가 이 도서관에서 학생들의 불편함을 창업 아이템으로 해결해드릴게요!"

대한이가 엄청나게 흥분한 듯 말을 했어요.

"응? 불편함? 창업?"

사서 선생님이 당황한 듯 물어보셨어요. 민지는 창의체험시간에 창업을 배우고 있는 중이라 불편한 것을 찾아서 해결해드리러 왔다고 차분히 설명해드렸어요.

"그렇구나. 너희들이 어떤 불편함을 해결해줄 건데?"

사서 선생님이 궁금하다는 듯 물어보셨어요.

"학생들이 높은 곳에 있는 책을 꺼낼 때 어려워하잖아요. 그 문제를 해결하는 거예요."

"오, 어떻게 해결해주는 거니?"

사서 선생님은 흥미롭게 들으셨어요. 대한이는 자기가 가져온 그림을 펼쳐 보였어요.

"이런 의자 어때요? 높은 책을 꺼낼 때 아래 두어서 쉽게 꺼낼 수 있도록 하는 거예요."

대한이가 스스로 뿌듯하다는 듯 어깨를 으쓱이며 말했어요. 민지도 덩달아 뿌듯해하며 사서 선생님을 쳐다봤어요. 사서 선생님은 빙그레 웃으시더니 대한이와 민지를 번갈아 보시면서 말씀하셨어요.

"아주 멋진 생각이구나. 그런데 저쪽을 한 번 봐줄래?"

사서 선생님이 손으로 오른쪽을 가리키셨어요. 그곳에는 작은 사다리가 놓여 있었어요.

"아쉽게도 이 도서관에는 이런 사다리가 있어서 그 의자는 필요하지 않을 것 같구나."

대한이와 민지는 그 의자를 보고는 차마 말을 잇지 못했어요.

"너희들이 이런 불편함을 해결하려는 노력 자체가 멋진걸? 그 노력이 정말 멋져."

사서 선생님께서 아이들의 어깨를 토닥여주셨어요.

"아, 의자보다 더 좋은 아이템이 있었다니!"

대한이가 입을 손바닥으로 막으며 말했어요.

"앞으로 더 좋은 창업아이템을 찾을 수 있을 거야."

사서 선생님은 빙그레 웃으셨어요. 대한이와 민지는 운동장 벤치에 앉아 사서 선생님이 주신 사탕을 먹으며 이야기했어요.

"어찌 첫술에 배부르겠어!"

대한이가 아쉬운 듯한 목소리로 말했어요.

"맞아. 그렇지만 좋은 아이템을 찾을 때까지 계속해서 불편함을 찾고 해결해보자!"

민지가 그 말에 웃으며 고개를 끄덕였어요.

당연한 게 어디 있어?

점심시간, 급식실 앞에서 급식 메뉴를 본 민수와 하율이의 표정은 극과 극이었어요. 하율이는 흥분을 감출 수 없는 듯 신나 보였고 민수의 표정은 벌레라도 본듯 한 표정이었어요.

"야, 샌드위치 진짜 맛있다. 치즈가 두 장이나 들어가 있어."

하율이가 샌드위치를 크게 한 입 베어 물고는 오물오물 씹으며 말했어요.

"입에 있는 거나 다 삼키고 말해줄래?"

민수가 아주 심드렁한 표정에 날카로운 목소리로 말했어요.

"빵돌이 박민수가 무슨 일이래? 좋아하는 샌드위치를 두고 이렇게 가만히 있고?"

- 메뉴 -
카레볶음밥
햄치즈샌드위치
배추 된장국
깍두기
마늘쫑볶음
초코 쿠키
계절과일

민수는 아무 말 없이 그저 하윤이를 째려봤어요.

"왜? 너 쿠키도 안 먹을 거야? 그럼 나 주라!"

하윤이가 쿠키를 가져가려고 손을 뻗자 민수가 손을 '탁' 치며 막았어요.

"안 먹을 거면서 왜 음식을 째려만 보는 거야? 가져가지도 못하게 하면서!"

"어휴."

"웬 한숨이래. 오늘 이렇게 맛있는 게 나왔는데 민수는 왜 한숨만 쉬고 있는 거냐고."

옆에 있던 대한이도 거들었어요.

"이럴 줄 알았으면 나도 안 먹었지."

"뭐라고?"

민수가 고개를 푹 숙이며 말했어요.

"어제 급식 메뉴가 너무 별로길래… 오늘도 그럴 줄 알고…."

"너 혼자 몰래 뭐 먹었구나?"

민지가 콕 집어 혼내는 선생님처럼 말했어요.

"학교 오는 길에 포켓몬빵 샀거든…."

"포켓몬빵도 먹고 샌드위치도 먹으면 되지 뭐가 걱정이야?"

민수가 슬픈 표정을 하며 말했어요.

"아니…. 바로 전 3교시 쉬는 시간에 먹었어."

하율이가 얄미운 표정을 지으며 샌드위치를 한입 베어물었어요. 민수는 그런 하율이와 샌드위치를 번갈아 가며 쳐다보며 볼록 나온 배를 쓸어내렸어요. 하율이는 민수를 놀리듯 혓바닥을 메롱 하고 내밀었어요.

"나는 아까 2교시 끝나고 1층 내려가서 식단표 보고왔지롱."

"아니 식단표는 왜 1층에만 붙여 놓는 거야!"

"에이, 당연하지, 그건 1학년들을 위한 우리 고학년의 배려랄까?"

"고학년도 급식메뉴를 알고 싶은 것은 똑같지! 우리도 알 권리가 있다고!"

"야, 우리가 학교 다니는 4년 동안 쭉 1층에 메뉴가 붙어 있었으니까 우리도 내려가서 보는 게 당연한 거지."

"그래. 1학년들이 매일 올라오는 것보다는 우리가 내려가는 게 낫잖아?"

"쳇, 당연한 게 어디 있어!"

"당연한 게 어디 있긴, 여기 있지."

"우리 창업 수업할 때 배웠던 거 기억 안 나? 무엇이든 새롭게 보려는 눈이 필요하다고!"

"그래. 너의 샌드위치가 아주 새로워 보이는데 내가 좀 먹어도 되겠니?"

하율이는 민수의 샌드위치로 손을 가져갔어요. 민수는 어쩔 수 없다는 듯 샌드위치를 건네며 말했어요.

"그래, 먹어라 먹어! 내가 이 당연한 것을 당연하지 않게 만들 테야!"

"오, 민수네 팀은 급식 메뉴판으로 창업을 하는 건가?"

"응! 내가 꼭 급식 메뉴판을 쉽게 볼 방법을 만들어서 너희들에게 팔 테다. 두고 보시라고."

"그래. 우리 창업아이템은 이걸로 하고 창업계획서 적어도 되겠는데?"

"그러게 말이야! 우리가 매일 당연하게 보던 것을 새롭게 보려고 하니 창업이 될 수도 있겠구나."

"오, 그럼 우리 창업아이템 이름은 3층까지 급식표를 배달해 주는 '급식의 민족'인가요?"

아이들이 소리 내어 크게 웃었어요.

흥, 그런다고 우리가 포기할 리 없지!

흑흑흑….

엎드려서 울고 있는 민수에게 친구들이 다가왔어요.

"민수야. 무슨 일이야?"

슬기가 조심스럽게 민수를 다독이며 물었어요.

"처음엔 우리 아이디어였다고!"

옆에 있던 하율이도 눈물을 글썽이며 말했어요.

"너희들 왜 그래, 무슨 일이야?"

민지가 물었어요. 민수와 하율이가 울먹이느라 대답을 하지 못하고 있을 때 대한이가 대신 이야기해주었어요. 옆반 친구들이 민수와 하율이가 창업하려던 '폭신이'와 똑같은 장난감을 만들었다는 것이었어요. '폭신이'로 창업하려던 민수와 하율이는 아이템을 빼앗겼다는 생각에 속상해 울고 있는 것이라고 했어요.

"우리가 만들어서 팔려고 했는데…."

민수가 울먹이며 말했어요.

"맞아, 우리가 만든 것 보고 똑같이 따라 만들었잖아! 이제 우리 건 아무도 안 살 거야."

하율이도 떨리는 목소리로 말했어요. 옆에 있던 친구들이 차마 말은 하지 못하고 서로 눈치만 보며 민수와 하율이를 토닥여주었어요. 혹시나 창업을 안 하겠다고 할까 봐 걱정스러운 눈빛으로 친구들이 쳐다보았어요. 다들 무슨 말을 해야 할지 몰라 머리만 긁적이고 있을 때 적막을 깨고 민수가 고개를 번쩍 들며 말했어요.

"흥, 그런다고 우리가 포기할 줄 알아?"

"당연하지! 폭신이 아이템이 실패했더라도 포기하지 않을 거야. 또 다른 아이템을 찾으면 되지!"

하율이도 턱을 내밀며 큰 소리로 말했어요.

"맞아. 어떤 상황에서도 포기하지 않는 마음이 중요하다고 선생님이 말씀하셨잖아."

민지가 고개를 끄덕이며 말했어요.

"나도 아쉬워서 운 거지, 포기하겠다는 눈물은 아니었어."

민수가 말했어요.

"맞아. 우리 창업아이템 100개쯤 더 있다, 뭐!"

하율이가 말했어요.

"오~ 민수랑 하율이 대단한데?"

친구들이 민수와 하율이에게 엄지손가락을 세워주었어요. 민수와 하율이가 빙그레 웃자 예준이가 놀리듯 말했어요.

"너 지금 울다가 웃은 거지? 그럼 엉덩이에 털 난다?"

그 바람에 여섯 명의 친구들이 모두 박장대소를 했어요.

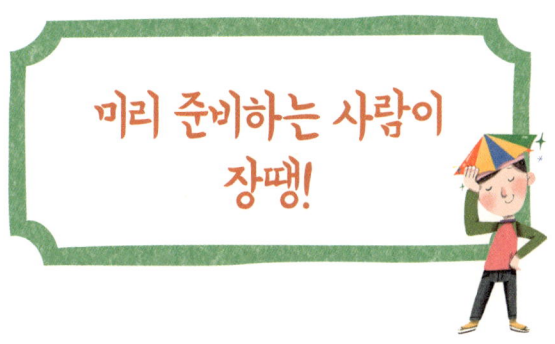

미리 준비하는 사람이 장땡!

대한이가 교실에 들어서자 교실 뒤편 사물함 위에 무지개색 물건들이 줄지어 놓여 있었어요. 혹시 '선생님께서 우리에게 주시는 선물이 아닐까?' 하는 마음에 대한이는 설레는 발걸음으로 사물함으로 다가갔어요. 자세히 다가가서 보니 그것은 '우산 모자'였어요.

"이게 다 뭐야? 웬 이상한 모자가 이렇게 많은 거야? 우산 같은데. 이렇게 맑은 날에 이게 다 뭐람."

그때 뒤따라 들어오던 예준이가 말했어요.

"야! 그거 건드리지 마. 우리 창업아이템이야!"

"이게 창업아이템이라고?"

"그래. 우리가 진짜 고민하고 찾아온 우산 모자랑 우비라고!"

예준이가 모아놓은 모자와 우비들을 손으로 감싸며 말했어요. 그 모습을 보며 대한이와 등교하는 다른 친구들이 이해할 수 없다는 듯 한마디씩 거들었어요.

"야. 하늘이 이렇게 맑은데 무슨 우산이야!"

"그래. 그리고 이런 우산을 누가 쓴다고 그래?"

"핸드폰 날씨 앱에서 날씨를 정말 잘 알려주잖아."

"게다가 요즘은 인터넷 배송도 하루면 온다고."

친구들의 구박에도 예준이는 오히려 더 당당하고 자랑스러운 태도로 서 있었어요. 우산 모자를 머리에 써보이기도 하면서요. 친구들이 큰 관심을 보이진 않지만 언젠가 부러워할 날이 올 거라는 확신이 있어 보였어요. 당당하게 말하는 예준이에게 친구들은 이해할 수 없다는 듯 입을 삐죽 내밀었어요.

"이 맑은 날 아무도 사지 않을 것 같은데."

"두고 봐."

"도대체 뭘 두고 보라는 거야?"

대한이는 예준이에게는 들리지 않게 혼자 중얼거렸어요.

* * *

　수요일은 4교시만 하고 끝나는 날이라 대한이는 신이 나서 종례가 빨리 끝나기를 기다렸어요. 그런데 그때 선생님께 인사를 하자마자 창밖을 바라보며 민수가 소리쳤어요.
　"앗, 비 내린다."
　민수의 말에 반 친구들이 모두 창문을 쳐다봤어요. 엄청난 양의 비가 쏟아지고 있었어요. 아침 뉴스에도 비 소식은 없었기에 아이들은 당황해하며 밖을 쳐다봤어요. 울상을 한 아이들은 발을 동동 구르고 전화기를 누르고 혼비백산이었어요. 그 정신없는 틈에 민수가 소리쳤어요.
　"얘들아. 1층에서 예준이가 창업한대!"
　민수의 소리에 반 아이들이 우르르 1층으로 내려가 보니 복도 한쪽에 아이들이 모여 있었어요.
　"뭐야? 뭐야?"
　"뭔데?"
　"줄을 서세요! 여러분!"
　예준이의 쩌렁쩌렁한 목소리가 복도에 울려 퍼졌어요. 대한이와 민지는 궁금한 마음에 예준이가 서 있는 곳으로 한걸음에 달려갔어요. 이미 많은 아이들이 그 앞에 몰려 있고 아이들을 한 줄로 정리하고 있는 슬기가 보였어요.

"야, 홍슬기! 여기서 뭐해!"

"뭐하기는? 창업하고 있지!"

"복도에서 무슨 창업이야?"

"그때 우리가 그 아이템 다 쓸 일이 있다고 했지? 이 줄 좀 보라고."

슬기는 우쭐대며 길게 줄을 서 있는 아이들을 가리켰어요. 대한이와 민지는 도저히 이해할 수 없다는 듯 쳐다보았지만 슬기와 예준이는 너무 바빠서 더이상 대화를 나눌 수 없었어요.

마침 그때 2학년 동생들이 까르르 웃으며 이야기했어요. 머리에 우산 모자를 쓰고 옆에 있는 친구에게 자랑하면서 말이에요.

"지영아, 이거 좀 봐! 웃기지? 근데 이걸로 비도 막을 수 있다고!"

"와! 정말 귀여워! 나도 사야겠어!"

"저기 오빠한테 가 봐. 천 원이라고 했어!"

"이따 떡볶이 사 먹으려고 했는데. 비 맞고 갈 수는 없으니 오늘은 떡볶이를 포기해야겠어!"

"그래. 떡볶이는 내일도 먹을 수 있잖아! 얼른 줄 서. 지금 줄 더 길어지고 있다고!"

지영이와 서진이가 길게 선 줄 뒤편으로 빠르게 사라졌어요. 대한이와 민지는 그 모습을 지켜보고는 무릎을 탁 쳤어요.

"아, 그때 말하던 그 우산 모자구나."

"맞아. 그때 예준이가 교실에다가 잔뜩 우산 모자를 늘어뜨려 놓더니 이날을 위한 거였어!"

"우리가 인터넷 배송도 하루면 온다고 했었는데…."

"그러게. 우리 엄마가 인생은 타이밍이라더니."

"창업도 타이밍이구나."

"언제 올지 모르는 비 오는 날을 위해 창업아이템을 준비해 놓으니 이렇게 바로 쓰이는 일이 있구나."

대한이와 민지는 창업을 하려면 시간에 맞게 미리 잘 준비하는 것이 중요하다며 고개를 끄덕였어요. 그리고 멀리 보이는 예준이를 향해 손을 흔들며 말했어요.

"물건이 잘 팔리는 시간과 장소가 있다더니 준비를 잘했네."

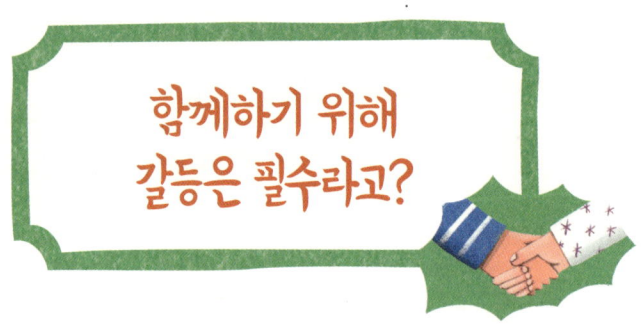

함께하기 위해 갈등은 필수라고?

"선생님 얘네들 창업 준비하다가 싸웠대요."

슬기가 양손으로 민수와 대한이를 가리키며 선생님 몰래 혀를 날름 내밀었어요.

"무슨 일이 있었는지 말해줄 수 있나요?"

물건은 제값에 팔아야 한다는 대한이와 넉넉한 서비스로 단골을 만들어야 한다는 민수의 갈등에 대해 민지가 설명했어요. 대한이와 민수가 당황해하고 있을 때 선생님이 빙그레 웃으며 말씀하셨어요.

"꼭 필요한 갈등이었던 것 같은데요?"

아이들은 믿을 수 없다는 듯 선생님을 쳐다봤어요.

"필요한 싸움… 아니 필요한 갈등이라는 게 있다고요?"

"네. 창업하다 보면 갈등은 분명 생길 수 있어요. 이번 일처럼 서로 다른 의견들이 부딪히는 경우가 많죠."

"그럼 누구의 의견을 따라야 하나요?"

"음… 꼭 한 사람의 의견을 따라야 한다기보다 이런 갈등을 통해 창업아이템을 더 발전시키기도 해요."

"갈등을 통해 창업을 발전시킨다고요? 말도 안 돼."

"민수와 대한이 중 누구의 의견이 더 옳다고 생각하나요?"

선생님의 질문에 친구들도 두 의견으로 나뉘었어요. 민수의 의견이 더 맞다는 친구들도 있었고 대한이의 의견이 더 맞다는 친구들도 있었어요. 한참을 친구들끼리 의견을 주고받는 모습을 보시더니 선생님께서는 둘 다 중요한 의견이라고 하셨어요. 그래서 그 갈등도 아주 중요했다고 하셨어요. 대한이의 말처럼 창업에서 이익이 되는 부분은 분명 중요하고, 민수의 말처럼 넉넉한 인심으로 더 많은 손님을 오게 하는 것도 중요하다고요. 아이들은 선생님 말씀에 고개를 끄덕였어요.

"서로 다른 의견을 통해 놓치는 부분들이 없는지 다시 점검하게 되기 때문에 갈등은 필수적이랍니다. 중요한 것은 갈등을 통해 창업이 더 발전할 수 있다는 사실이에요."

"갈등으로 더 발전할 수 있다니 신기해요. 갈등은 싸움이니까 나쁜 건 줄만 알았는데!"

"그렇지만 갈등이 싸움이 되지 않고 발전하는 데 도움이 될 수 있도록 말투와 방법에 부드러움과 지혜가 필요하죠."

대한이와 민수도 머쓱한 듯 서로를 쳐다보았어요. 갈등이 생길 때 자기 의견만을 내세우는 것이 아니라 왜 그런 의견을 가지게 되었는지 잘 설명해야 된다는 선생님의 말씀에 고개를 끄덕이면서요. 수업이 끝나는 종이 울리자마자 대한이는 민수를 찾아가서 말했어요.

"사실 네가 나의 의견에 반대한다고만 생각했는데 '우리'의 창업을 위해 같이 고민하고 있다는 것을 알았어."

"그래. 앞으로 또 싸울 수 있겠지만 같이 최고의 방법들을 찾아가자!"

창업가 이야기 4

핸드폰으로 돈을 보내는 토스,
이승건 대표

원래 치과의사였던 이승건 대표는 더 많은 사람들을 만나고 싶었고 또 사람들을 도와주고 싶다는 마음에 창업을 시작했다고 해요. 내가 원하는 것을 만드는 것이 아니라 다른 사람들의 목소리를 듣고 무엇이 필요한지 고민하면서 창업아이템을 생각하게 되었다고 해요. 사람들이 어떤 불편함을 겪고 있는지 관찰하는 데만 무려 3개월이 걸렸대요. 3개월 동안 100개 정도의 아이템을 만들었고 그중에서 여섯 번째로 만들었던 아이템이 바로 '토스'였다네요. '토스'는 은행에 가지 않아도 스마트폰에서 쉽게 다른 사람에게 돈을 보낼 수 있는 서비스예요. 서울에 있는 아빠가 지방에 있는 할머니께 돈을 보낼 수 있는 거예요. 이승건 대표는 빠르게 성공하는 것만이 중요한 것이 아니라고 했어요. 본인도 여덟 번을 실패했지만 다시 일어났기 때문에 성공할 수 있었다고 해요. 여러분, 혹시 실패하더라도 그 실패가 끝이 아니에요. 분명 배운 것이 있을 테니 무슨 일이든 인내와 끈기를 가지고 끝까지 해봐요!

창업경진대회를 준비해요

우리의 실력을 보여줄 때가 왔다

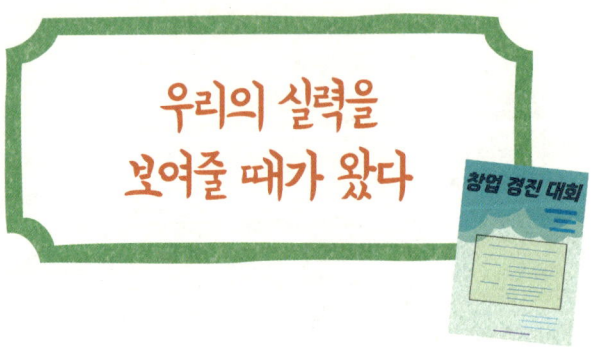

"여러분, 그동안 열심히 창업을 배운 모습을 칭찬해주고 싶어요. 성실하게 창업계획서를 쓰면서 창업가정신도 기른 것 같고요."

"선생님, 아직 방학까지 두 달이나 남았는데 왜 벌써 창업 수업을 마무리하는 것처럼 얘기하시는 거예요?"

"마무리는 아니고 이제 여러분이 그동안 배워왔던 내용을 실천해야 할 때가 왔어요."

"실천이라니요? 저희 진짜 창업가가 되는 건가요?"

선생님은 빙긋 웃으며 말했어요.

"이번 학기 마지막 창업 미션이에요."

모두 궁금한 듯 선생님을 바라봤어요. 선생님은 대답 대신 커다란 포스터를 칠판에 펼쳐서 붙이셨어요.

그곳에는 큰 글씨로 '청소년창업경진대회'라고 쓰여 있었어요. 선생님은 경진대회에 대해 설명해주셨어요. 청소년들이 직접 창업아이템을 선정하고 계획서를 적고 발표하는 자리라고 했어요. 예선을 통해 전국에서 50팀을 뽑고 그 50팀은 본선에 나갈 수 있다고 하셨어요. 아이들은 갑작스러운 소식에 놀라기도 했지만 자신들의 실력을 보여줘야 할 때라는 생각에 설레기도 했어요.

"이곳에서 우승하면 창업지원금도 받을 수 있어요! 여러분의 실력이라면 충분히 잘 해낼 것이라 믿어요."

아이들은 너도 나도 손을 들고 질문했어요.

"우승하면 얼마를 받을 수 있어요?"

"우승팀에게는 오백만 원을 준다고 하네요. 꼭 우승하지 않더라도 창업경진대회에 나가보는 것만으로도 여러분에게 큰 공부가 될 거예요."

"우리 반 전체가 함께 팀으로 나가는 건가요?"

"그러면 좋겠지만 한 팀의 인원이 여덟 명까지라서 나가고 싶

은 친구들은 팀을 모아서 알려주세요."

아이들은 창업경진대회에서 그동안 열심히 공부한 것들을 보여주겠다는 결심이라도 한 듯 눈빛을 반짝였어요. 어떤 친구들은 벌써 누구와 함께할지 정하고 있었어요. 대한이는 맨 뒷자리에서 결심에 찬 듯 혼잣말을 중얼거렸어요.

"이번에야말로 진짜 아이디어뱅크 서대한, 아니 창업가 서대한의 모습을 보여줄 때가 왔단 말이지!"

✻ ✻ ✻

"우리 중에 누가 대표를 할 거야?"

꿀꺽. 대한이의 침 넘기는 소리마저도 크게 들리는 순간, 숨 막히는 긴장감이 감돌았어요.

"자, 이제 마지막 한 표 발표한다."

민지가 마지막 종이를 펼쳐서 읽었어요.

"서대한."

민수의 짧은 탄식 소리가 들렸어요. 민수는 곧 대한이에게 걸어가 악수를 청했어요.

"대한아, 내가 대표가 되지 못한 건 아쉽지만 아이디어도 많고 똑똑한 네가 대표를 하면 정말 우리 팀을 잘 이끌어 줄 수 있을 것 같아."

"고마워. 열심히 해볼게. 우리 힘을 모아서 열심히 해보자."

"예전처럼 무조건 오락실 열어야 한다고 하면 안 된다?"

민지가 대한이를 쿡 찌르며 말했어요.

"그래, 킥킥. 그럼 우리 창업은 망하는 거야!"

하율이도 옆에서 거들었어요.

얼굴이 빨개진 대한이가 머쓱하게 웃으며 말했어요.

"그럼, 이전의 대한이가 아니라고! 아주 꼼꼼하게 창업을 준비해볼 거야. 이제 이건 나만의 창업이 아니라 우리들의 창업이니까."

아이들은 씩 미소를 지었어요.

"대표뿐 아니라 각자의 역할이 중요하다는 건 모두 알지?"

"그럼. 당연하지."

"우리 그럼 팀이름은 어제 슬기가 말한 대로 '체인지더월드(Change the world)'인 거지?"

"응. 우리 창업으로 세상을 멋지게 바꿔보자!!"

아이들은 너도 나도 꼭 스티브 잡스처럼 대단한 창업가가 될 거라고 말했어요. 팀 이름처럼 창업아이템으로 멋진 세상을 만들어보겠다는 다짐도 했고요. 슬기는 아이폰을 들어 보이며 애플처럼 돈도 많이 버는 회사가 좋겠다며 진심이 섞인 농담도 했어요.

어른도 못 하는 걸 우리가 해보자고?

"대한아, 요즘 고민 있니? 며칠째 밥을 깨작거리기만 하고 좋아하던 유튜브도 잘 안 보고 말이야."

"휴… 아니에요."

"무슨 일인데 그래? 혹시 누구랑 싸웠니?"

"에이, 엄마! 오빠 또 창업 고민하느라 그래요. 지난번에 해피오락실도 망했으면서."

지은이는 오빠에게 혓바닥을 쏙 내밀어 보였어요.

"이번에는 완전 다르거든? 그동안 창업을 얼마나 열심히 공부했는데!"

"피, 뭐 다르면 얼마나 다르다고."

"엄마는 대한이가 어떤 창업을 하게 될지 정말 기대되는데?"

"어, 엄마 잠시만요!"

대한이가 밥을 먹다 말고 소리가 나는 거실 쪽으로 걸어갔어요. '에어컨으로 인한 전력 낭비'라고 적힌 TV에 눈을 고정했어요. 대한이 엄마도 대한이의 어깨 너머로 뉴스를 보시며 올여름 전기세가 걱정이라는 말씀을 하셨어요. 대한이는 번뜩 무언가 생각난 듯 다급하게 말했어요.

"창업으로 이런 문제를 해결해보면 어떨까요?"

"창업으로? 우리 아들이 창업으로 전기세를 줄여준다면 정말 좋겠네. 게다가 환경 문제도 해결해준다면 최고 좋고."

엄마가 빙그레 웃으며 말씀하시자 옆에 있던 지은이는 믿을 수 없다는 듯 말했어요.

"오빠, 또 뭐 이상한 가게 열려고 하는 거야? 더위를 해결하도록 아이스크림 가게를 여는 건가?"

"흥! 이번에는 정말 제대로 된 창업 한번 해볼 거거든? 창업 경진대회에 나가는 거라고! 지난번처럼 실수하지 않고 차근차근 창업계획부터 잘 준비해볼 거야!"

대한이는 자신 있다는 듯 의기양양하게 말했어요. 그런 대한이를 응원한다는 듯 엄마가 어깨를 두드려주셨어요. 대한이는 방에 들어가 공책에 무언가를 열심히 적었어요. 다음 날 대한이는 그 공책을 들고 아침 일찍 학교로 달려갔어요.

"얘들아, 내가 어제 TV를 봤는데 에어컨을 너무 많이 틀어서 2050년에는 지구가 멸망할 수 있대."

"그게 진짜야? 2050년까지 얼마 안 남았는데?"

"말도 안 돼! 나는 200살까지 살고 싶단 말이야!"

"에어컨을 튼다고 지구가 곧 멸망한다는 게 말이 돼?"

민지는 말도 안된다며 손사래를 쳤어요. 대한이는 어제 뉴스에서 본 이야기를 이어갔어요. 전기 낭비가 심해 지구의 온도가 높아지고 그로 인해 빙하가 녹고 다양한 이상기후가 생기고 있다는 것이었어요. 심드렁하게 듣던 아이들도 대한이가 전달하는 심각한 이야기에 표정이 점점 일그러졌어요.

"우리가 편하게 사용하는 전기 때문에 지구가 힘들어하고 있었구나."

"그래서 말인데 우리가 함부로 쓰는 에어컨이나 전기를 아낄 방법들을 찾아보면 어떨까?"

"갑자기 그 방법을 우리가 어떻게 찾아?"

"음… 그건 좀 더 생각해봐야겠지만 지구온난화 문제를 해결할 수 있는 아이템을 만들어서 창업하는 거지!"

"와. 너무 좋다. 그런데 그건 우리가 해결할 수 없는 너무 큰 문제 아닐까?"

"맞아. 어른들도 해결하지 못하는 문제니까 뉴스에도 나오는 거잖아. 괜히 성급하게 아이템을 정하면 망한다는 것 알잖아!"

"오히려 반대로 생각해보면 어른들은 해결하지 못하니까 우리가 해결할 수도 있지 않을까?"

"그건 그래. 우리에게는 창업가정신이 있으니까."

"2050년에 지구가 멸망하지 않도록 우리가 힘을 합쳐서 직접 나서보자."

대한이와 아이들은 아주 좋은 생각이라며 함께 박수를 쳤어요. 친구들과 함께라면 아무리 큰 문제도 해결할 수 있을 것 같다고 하면서요. 아이들은 창업 수업에서 배운 것처럼 주변에서부터 해결할 방법들을 찾아보기로 했어요.

"먼저 우리 학교부터 어떻게 전기를 사용하고 있는지 알아보고 혹시 필요한 것이 없는지 찾아보자."

"좋아."

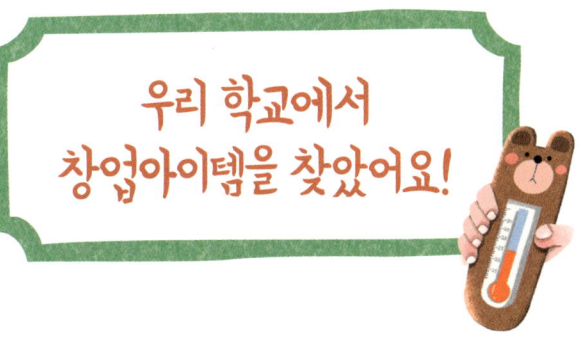

우리 학교에서 창업아이템을 찾았어요!

"일, 십, 백, 천, 만, 십만, 백만…?"

"헉, 사백만 원?"

"와, 이건 진짜 너무한 것 같아."

"정말 이게 지난 한 달 동안 우리 학교의 전기세라고?"

슬기와 예준이는 긴 숫자를 한 자리씩 열심히 읽었어요. 긴 숫자로 된 전기세를 보고 이렇게나 전기를 많이 쓰고 있다는 사실에 놀라서 입을 다물지 못했어요. 민수와 하율이는 각 교실에서 전기를 사용하는 모습을 둘러보았어요. 에어컨 온도를 낮춰놓고는 춥다고 긴소매를 입고 있는 아이들의 모습이나 체육 시간에 선풍기와 전등을 켜놓고 나가는 모습을 보며 고개

를 젓고는 수첩에 적었어요.

　민지와 대한이는 교장 선생님과 학생부장 선생님을 만나서 질문을 했어요. 전력 낭비 때문에 고민이라고 하시는 선생님들의 이야기를 꼼꼼하게 기록했어요. 여섯 명의 친구들은 각자 흩어져서 찾아본 학교 전기 사용에 대한 내용을 이야기했어요.

　"뉴스에서 봤던 문제가 우리 주변에서도 진짜로 일어나고 있구나."

　대한이가 한숨을 푹 쉬며 말했어요. 그러고는 친구들과 앞으로 이 불편함을 어떻게 해결할 수 있을지를 함께 생각해보기로 했어요.

✳ ✳ ✳

아침부터 대한이가 무척이나 심각한 표정으로 친구들 앞에 섰어요.

진지한 대한이의 표정과 태도에 모두가 대한이를 집중해서 쳐다봤어요. 대한이는 헛기침을 큼큼 하더니 스케치북을 꺼내며 자신이 준비한 아이템을 설명했어요.

"교실이 적정 온도가 되면 알림을 해주는 아이템을 만들어 보는 건 어떨까?"

"그게 어떤 건데?"

대한이의 말이 채 끝나기도 전에 민수가 물었어요.

"에어컨을 틀어놓고 전원을 끄는 걸 까먹는 경우들이 있잖아. 시원하다고 까먹어버리는 경우들도 많고. 이 아이템은 전력을 아낄 수 있도록 알려주는 거지!"

"치킨을 튀겨줄 때 기름의 알맞은 온도가 되면 알려주는 기계처럼, 그런 건가?"

"응, 맞아. 26도만 되어도 시원한데 그것보다 온도가 훨씬 낮아지는 경우들이 많으니까."

"근데 온도가 낮아진 걸 알려준다고 그게 에너지 절약에 진짜 도움이 될까?"

"알람이 울리는 것만으로도 에어컨을 꺼야 한다고 계속 생각하게 되잖아. 그러면 조금이라도 절약할 수 있지 않을까?"

"흠. 그것도 일리가 있는 말이긴 하다."

"'넛지 효과'라고 해서 사람들에게 직접 '하지 마'라고 말하지 않아도 어떤 것을 보고 스스로 행동을 고칠 수 있게 도와주는 것도 효과가 크다는 연구도 있더라고."

"오 서대한. 정말 공부도 열심히 했구나?"

"그럼! 내가 학교에 이런 게 정말 필요할지 선생님들께 설문 조사도 다 해봤다고."

"벌써?"

"인터넷에 이런 비슷한 아이템들이 있는지도 찾아봤어."

친구들은 달라진 대한이의 모습에 신기해하며 웃었어요. 대한이도 이전의 서대한이 아니라는 것을 보여주려는지 목소리에 더 힘을 주어 말했어요. 그렇지만 아이들은 정말 '절약 알리미 아이템'을 만들 수 있을지 의견을 나누었어요. 아이템이 필요하다는 것도 알았고, 사람들이 좋아할 거라는 조사도 했지만, 실제로 만들 수 있을지에 대한 고민을 했어요. 한참 동안 고민과 이야기를 반복하다가 민지가 무언가 번뜩 생각이 난 듯 말했어요.

"열심히 만들어 봐야지. 포기하지 않는 창업가정신으로! 다만 한 가지 우리에게 필요한 게 있어."

모두가 민지를 쳐다보며 다음 말을 기다렸어요.

"아이디어는 있지만, 이걸 기계로 만들려면 돈이 필요하잖아."

"돈?"

"맞아. 근데 우리가 돈이 어디 있어. 또 빚져야 하는 거야?"

대한이가 시무룩한 표정으로 있을 때 하율이가 새로운 아이디어를 냈어요. 당장은 돈이 없지만 '투자'를 받자는 의견이었어요.

"투자? 우리 창업이 잘 될 거라 생각하고 돈을 미리 주는 거라고 하셨나?"

"맞아. 창업 수업 때 배웠잖아. 그런데 초등학생인 우리에게 누가 투자를 해주겠어?"

"두 가지 방법이 있지. 하나는 인터넷에 올려서 우리의 아이디어를 홍보해서 투자받는 방법"

"시간이 너무 오래 걸릴 것 같아. 창업경진대회까지 얼마 안 남았단 말이야."

"그러면 또 다른 하나는?"

"아주 가까운 곳에 가서 우리의 창업아이디어를 발표하는 거지!"

"가까운 곳이라면 어디?"

하율이는 손을 뻗어서 어딘가를 가리켰어요. 아이들은 하율이가 가리킨 곳을 바라보았어요. 그곳은 바로 교장실이었어요.

※ ※ ※

"애들아. 그런데 우리 '절약 알리미' 기계는 어떻게 만들지?"

대한이가 자신의 머리카락을 잡아당기며 말했어요. 아이디어는 나왔지만 정작 기계를 만드는 것에 대해 친구들과 며칠째 고민 중이었어요. 민수가 걸어 들어오더니 자신 있다는 듯 손가락을 튕겼어요. 그러고는 가방에서 곰돌이 모양의 온도계를

꺼냈어요.

"우와. 이게 뭐야?"

친구들이 그 온도계를 자세히 살펴보았어요.

"혹시 '탕온계'라고 들어봤니?"

"'탕온계'? 그게 뭐야?"

"목욕탕 가면 온도 보여주는 그건가?"

"맞아. 그거랑 같은 거야. 목욕탕 말고 집에서 사용하는 거야."

"오, 근데 이걸로 어떻게 절약알리미를 만든다고?"

"이건 보통 아기들을 목욕시킬 때 온도를 맞추기 위해 사용한다고 해. 너무 뜨거워지지 않도록 알람도 해주고."

"우와 신기하다. 근데 지금 보니 물 속 온도만이 아니라 지금 교실 온도도 측정해주네?"

곰돌이 모양 온도계의 눈금이 27도를 가리켰어요. 민수는 알람이 울리는 온도를 실내적정온도로 맞춰놓으면 된다고 설명해주었어요. 그리고 자신이 얼마나 열심히 검색하고 고민했는지도요.

"와! 박민수, 너 진짜 천재인데?"

아이들은 새로운 창업아이템을 찾았다는 것에 신나서 박수를 쳤어요. 불편함을 해결하고 어려움을 해결할 수 있다니 서로가 대단하다며 뿌듯해 했어요.

"이게 다 우리가 같이 아이디어를 모으고 고민한 덕분 아니겠어?"

"역시 너희들이랑 한 팀이 되길 너무 잘한 것 같아."

너도 나도 같은 팀이 되길 잘했다며 서로를 칭찬해주었어요. 대한이는 코딩을 배우는 예준이에게 언젠가 핸드폰으로 측정할 수 있는 앱으로도 만들어 달라는 말도 했어요. 예준이는 고개를 끄덕이며 코딩 공부를 열심히 하겠다고 다짐했어요. 민수가 말했어요.

"우와. 우리가 앱을 만드는 날도 온다고? 그날이 너무 기대된다."

선생님들께 투자를 받아볼까?

금요일 방과 후 시간, 교장실 앞에 체인지더월드 팀 아이들이 모였어요. 대한이가 제자리에서 몸을 털며 깊은숨을 내쉬었어요.

"대한아, 왜 이렇게 땀을 많이 흘려. 너무 긴장하지 말고 해."

"그래. 혹시 안 되더라도 다른 곳에서 또 발표하고 투자받으면 되니까 걱정하지 말고!"

"맞아. 예은선생님도 우리 편에서 응원해주실 거야!"

아이들이 대한이의 긴장을 풀어주려고 격려의 말로 힘을 북돋아 주었어요. 잔뜩 긴장한 대한이가 교장실로 들어가 TV 앞

에 섰어요. 교장선생님과 학교선생님들이 둥글게 앉아 계셨고 그 뒤에는 체인지더월드 팀원들이 대한이를 보며 소리 없이 '힘내'라며 입을 뻐끔거렸어요.

대한이는 꾸벅 인사를 하고는 침착하게 발표를 이어갔어요.

"혹시 우리 학교 지난달 전기세가 얼마나 나왔는지 아시나요?"

평소와 다르게 사뭇 진지한 대한이의 모습에 선생님들이 처음에는 귀여운 듯 피식하셨지만 발표를 들으며 점점 표정이 진지해지셨어요. 대한이는 '적정 온도를 알려주는 알림- 절약 알리미'가 학교에 얼마나 필요한지 앞으로 어떻게 홍보하고 판매할 것인지 자세히 설명했어요.

"우리의 아이템으로 낭비되는 전기를 줄이고 더운 여름을 건강하고 시원하게 날 수 있으리라 생각합니다."

발표가 끝나자마자 선생님들의 박수갈채가 쏟아졌어요.

"너희들 정말 제법이구나."

"진짜 웬만한 회사 대표만큼이나 발표도 잘하는걸?"

"그동안 너희가 창업에 얼마나 진심이었는지 선생님이 몰라봐서 미안하구나."

"너희들 성공하면 선생님 꼭 기억해야 한다!"

선생님들은 한마디씩 칭찬의 말씀을 해주셨어요. 그 사이를 놓치지 않고 민지가 선생님들께 공손하게 말했어요.

"선생님들, 그렇다면 저희에게 투자해주실 수 있나요?"

교장선생님은 씩 웃으며 말씀하셨어요.

"우리 학교 학생들이라서가 아니라 정말 멋진 창업가들이라서 투자하고 싶구나."

옆에 계시던 학생 주임 선생님도 말씀하셨어요.

"나도 그래. 너희들 아이템도 그렇고 열심히 하려는 창업가 정신도 멋져서 이 회사에 투자하고 싶어."

"나도 투자할 테니 너희들 성공하면 더 많은 이자를 붙여서 돌려줘야 한다?"

아이들이 웃으며 다 같이 대답했어요.

"네!"

체인지더월드!
세상을 바꾸러 가자!

　컴퓨터 앞에 체인지더월드 팀 아이들이 옹기종기 앉아 있어요. 마우스를 잡고 있는 슬기는 손가락을 덜덜덜 떨었어요. 옆에 있던 대한이도 괜스레 몸을 같이 떨었어요. 교실에서 하던 창업이 학교 밖에서 처음으로 평가를 받는다고 하니 떨리기도 하고 기대되기도 한다면서요.
　"그동안 우리가 열심히 해온 것들을 잘 정리만 하면 되는 거지?"
　"응. 우리의 아이템을 사람들이 잘 알아볼 수 있도록 설명을 아주 자세하게 적었어."
　"그동안 우리가 조사하면서 전력 낭비가 얼마나 심했는지 우리의 아이템이 이 문제를 어떻게 해결해줄 수 있을지도 말이야."

"나는 앞으로 어떤 사람들에게 팔면 좋을지도 적었어. 에어컨을 사용하는 우리 학교, 아니 전국의 학교에 팔 수 있다고 적었어. 모두가 해결해야 하는 불편함이잖아."

"그럼 에어컨을 사용하는 지구의 모든 사람에게 우리 아이템을 팔아야 한다고 써야지. 그래야 전력 낭비를 막아서 2050년에 지구가 망하지 않을 수 있잖아."

아이들은 창업계획서에 빠지면 안 되는 것들에 대해 하나둘씩 이야기했어요. 긴장한 친구들의 분위기를 풀어주려는 듯 하율이가 장난스러운 말투로 웃으며 말했어요.

"이제 우리 완전 부자 창업가 되는 건가?"

아이들은 창업으로 성공한 자신들의 모습을 이야기하며 한바탕 웃었어요. 그러고는 여섯 명 모두가 마우스에 손을 올리고 '창업계획서 제출하기' 버튼을 눌렀어요.

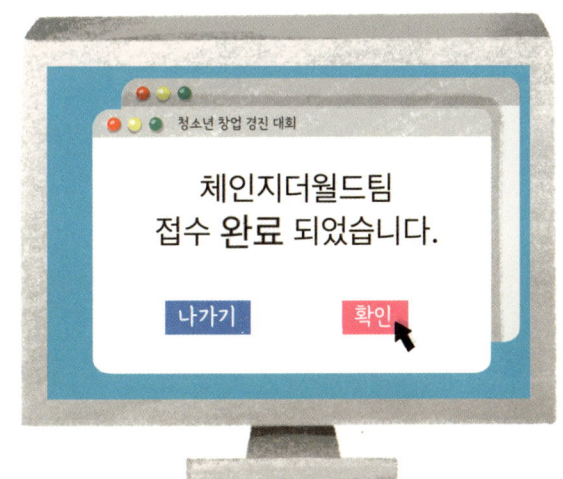

문구를 보고는 모두가 안도의 한숨을 쉬었어요. 그날 밤 대한이는 너무 설레서 늦게까지 잠이 오지 않았어요. 꿈속에서는 멋진 CEO가 되어 회사를 운영하는 꿈을 꾸었답니다.

※ ※ ※

하율이가 급히 교실로 달려오며 외쳤어요.
"얘들아! 우리 예선 통과했대!"
"뭐! 정말? 이제 다음 주에 경진대회에 발표하러 가는 거야?"
아이들이 자리에서 일어나 기뻐서 방방 뛰며 좋아했어요. 대한이는 혹시 이게 꿈은 아닐까 자신의 볼을 잡아당겼어요. 잡아당긴 볼이 따가워 문지르고 있을 때 민지가 어깨를 툭 치며 말했어요.
"앞으로 창업가정신으로 무슨 일이든 끝까지 해내는 거다?"
대한이가 대답하기도 전에 민수가 고개를 끄덕이며 말했어요.
"그럼! 이제 우리는 한배를 탔다고!"

"혹시 최종에서 떨어지더라도 우리는 앞으로도 창업으로 세상을 바꿀 거니까!"

"우리 같이 세상을 멋지게 한번 바꿔보자!"

"체인지더월드!"

아이들이 함께 소리쳤어요. 대한이는 창업경진대회에서 발표할 자신의 모습을 상상하며 함박웃음을 지었어요.